QUESTION VITALE

SUR

LE COMPAGNONNAGE

ET LA

CLASSE OUVRIÈRE

PAR AGRICOL PERDIGUIER

DIT AVIGNONNAIS LA VERTU

COMPAGNON MENUISIER DU DEVOIR DE LIBERTÉ

ANCIEN REPRÉSENTANT DU PEUPLE

2me ÉDITION

PRIX : 1 fr.

PARIS

CHEZ L'AUTEUR, RUE TRAVERSIÈRE-S.-ANTOINE, 88

ET CHEZ DENTU, LIBRAIRE, PALAIS-ROYAL, 13-17.

1863

QUESTION VITALE

SUR

LE COMPAGNONNAGE

ET LA

CLASSE OUVRIÈRE.

Imprimé par Charles Noblet, rue Soufflot, 18.

QUESTION VITALE

SUR

LE COMPAGNONNAGE

ET LA

CLASSE OUVRIÈRE

Par AGRICOL PERDIGUIER

DIT AVIGNONNAIS LA VERTU
COMPAGNON MENUISIER DU DEVOIR DE LIBERTÉ
ANCIEN REPRÉSENTANT DU PEUPLE.

DEUXIÈME ÉDITION
Prix : 1 fr.

PARIS

CHEZ L'AUTEUR, RUE TRAVERSIÈRE-S.-ANTOINE, 38.
ET CHEZ DENTU, LIBRAIRE, PALAIS-ROYAL, 13-17.

1863

PRÉFACE

La *Question vitale sur le compagnonnage et la classe ouvrière* est celui de tous mes écrits que j'ai livré au public avec le plus d'hésitation, et même, le dirai-je? avec le plus de crainte. Je fais entendre là aux travailleurs, mes frères, de pénibles vérités, pour leur bien sans doute, et néanmoins je redoutais d'être mal compris, de les blesser, et de m'attirer leur colère pour prix de mon ardeur à les servir. Quoi qu'il en dût être, il fallait oser; le salut de ceux que nous aimons avant tout, et coûte que coûte. Je m'en suis bien trouvé, le cœur n'a pas méconnu le langage du cœur, et ce livre a été le mieux accueilli de tous ceux sortis de ma plume jusqu'à ce jour. J'ai reçu bien des lettres à son sujet; pas une seule dont je puisse me plaindre! Donnons, pour toute préface, les brèves citations que voici:

« Je crois que ce travail fera beaucoup de bien; il faut qus la classe ouvrière soit bien ingrate si elle ne vous est pae reconnaissante. Mais justice vous sera rendue, et vous resterez dans nos cœurs à jamais, surtout chez les vrais compagnons, chez ceux qui comprennent la base du compagnonnage, et quel est son vrai but. — LOUVANCOUR, dit *Vendôme la Sagesse*, compagnon sabotier du Devoir. — Bordeaux, le 25 septembre 1861. »

« J'ai été profondément ému à la lecture de ce volume; c'est un trésor pour le bien qu'il renferme. Les expressions me manquent pour t'adresser les félicitations que tu mérites. — Il n'appartient qu'à toi seul de traiter cette question avec autant de cœur et d'abnégation. Je laisse à d'autres le privilége des éloges si bien mérités. — CH. MONIER, ébéniste. Avignon, 16 juillet 1861. »

« J'ai lu la *Question vitale*; je vous trouve admirable à tous les points de vue. Je suis parfaitement de votre avis, surtout dans la réforme. Seulement je crains beaucoup que quelques perruques grises de corporations différentes ne soient d'avis contraire et n'entravent votre œuvre. Je crois cependant que nous arriverons. — CHABBERT fils aîné, dit *Bédarieux l'Ami des Arts*, menuisier. Bédarieux, le 12 juin 1862. »

« J'ai reçu et lu la *Question vitale*. Elle aura, je crois, le mérite de vaincre l'indifférence. J'ai lu quelques passages à des compagnons que l'on pourrait appeler les plus rétrogrades. Ils n'ont pas pu s'empêcher de dire : c'est bien. Pour moi, je crois que tous les hommes qui désirent voir la classe ouvrière marcher dans la bonne voie vous doivent des éloges et de la reconnaissance.— MAILHES, dit *Gascon l'Ami du Trait*, compagnon menuisier du Devoir de Liberté. Lyon, le 15 juillet 1861. »

« Cher frère, les compagnons boulangers du Devoir viennent vous accuser réception de votre ouvrage (*Question vitale sur le compagnonnage et la classe ouvrière*). Quant à nous, cher La-Vertu, après vous avoir lu et relu, venons vous dire que votre œuvre est bien, et qu'elle ne peut produire que d'heureux résultats; elle est supérieure, à notre point de vue, à tout ce que votre plume a produit jusqu'ici traitant du compagnonnage.....

« Oui, l'ouvrier a besoin de se relever de cet état d'abaissement qui l'énerve, et le met au-dessous de sa dignité; et, pour sortir de cet abaissement momentané, nous aimons à croire (sans quoi il y aurait à douter de l'humanité !) que chaque ouvrier, indistinctement, lira votre livre, afin de se pénétrer des enseignements de la saine morale qu'il renferme, et qui, mis en pratique, peuvent le faire sortir de la torpeur où il est plongé et le pousser au bien.

« Le principe du compagnonnage pratiqué largement, comme vous le faites judicieusement sentir, peut régénérer la classe ouvrière.

« Cher pays, veuillez recevoir nos félicitations bien sincères sur ce travail, et croyez à notre communauté de sentiment. Aussi vous disons-nous : Ne vous découragez pas : marchez, continuez; nous sommes avec vous.

« Pour la société des compagnons boulangers du Devoir de la ville de Paris. »

(Suivent les onze signatures du Premier en ville, du Second en ville, du Rouleur, du Secrétaire et des Membres de la commission formant le conseil.)

« J'invite les compagnons à suivre vos principes. Tant que vous suivrez la même route vous aurez sans cesse en moi un ami et un chaud partisan. — PLANTIER, dit *Viennois l'Ami des Arts*, menuisier. Vienne, le 30 juin 1861. »

« J'ai reçu et lu avec avidité votre *Question vitale*. Je vous félicite de la rare énergie avec laquelle vous combattez l'indifférence et l'intempérance malheureusement trop générales des ouvriers. — MOREAU, serrurier, sociétaire de l'Union. — Châteaurenault, le 10 juin 1861. »

« J'ai lu votre livre avec beaucoup d'attention et un vif intérêt. Je suis heureux une fois de plus et vous remercie pour le zèle et les bonnes paroles que vous avez pour sauver le compagnonnage en général. Il s'en allait temps. — Je puis vous manifester tout le plaisir que j'ai éprouvé en vous lisant, surtout le chapitre V, critique et morale. Vous avez parlé avec une ardeur, avec une connaissance étendue de la classe ouvrière qui vous fait honneur. Le tout c'est bien ; je me plais à vous lire, et ne me lasse pas de vous lire souvent. — ESPAGNET, dit *Bien-Aimé le Bordelais*, C. .˙. cloutier du Devoir. Bordeaux, le 7 juin 1861. »

« L'ouvrage est parfait et je pense qu'il fera son effet sur les aveugles et les négligents. — Ceux qui se plaindraient du chapitre V ne seraient pas de mon avis, car on y trouve le vrai principe de la fraternité ; en un mot, c'est la morale que tous les ouvriers devraient professer. — CŒURDACIER, dit *Joli-Cœur de Darney*, C. .˙. tailleur de pierre de l'Union-Entrepreneur. Béziers, le 29 juin 1861. »

« Après avoir lu et relu votre livre intitulé : *Question vitale sur le compagnonnage et la classe ouvrière*, je viens vous féliciter sur cet ouvrage qui, j'en ai l'espoir, sera approuvé par tous les corps d'état en général, en exceptant, à la rigueur, les hommes de mauvaise volonté, ou trop faibles de cerveau. — Votre œuvre est sublime et ne laisse rien à désirer selon mes vues; mais je crains bien une chose, c'est que le progrès n'arrive pas aussi vite et aussi grand que vous le désirez. — Soyez sûr que je propagerai vos livres le plus qu'il me sera possible; cela ne peut que donner de bonnes idées aux compagnons, même à ceux qui ne le sont pas.

« Courage donc! On marche. Je ne saurais vous dire la joie que j'ai ressentie en trouvant ici parmi les compagnons plus d'entrain, plus de bon vouloir que d'habitude, ce qui me fait croire qu'à force de persévérance on peut arriver à la grande œuvre que vous avez rêvée. Les résistances s'amoindrissent... Courage! courage ! — GABORIAU, dit *l'Espérance le Saintonge*, C. .˙. cloutier du Devoir. Marchand de fers. Surgères, le 6 juillet 1861. »

« Nous avons lu votre travail avec l'ami Moulin ; il est entièrement dans nos vues. Puisse-t-il être médité par tous les travailleurs! Il les fera réfléchir; rien n'est oublié. Vous êtes sévère, mais impartial sur tous les points. Les écrivains peuvent puiser là bien des choses qu'ils ignorent sur la classe ouvrière. Les compagnons de Paris devraient écrire ou faire écrire leurs sociétés pour donner l'éveil sur le Tour de France afin de donner de l'extension, de la publicité à cet ouvrage, qui ne laisse rien à désirer. Les journaux ont aussi un devoir à remplir; en vous appuyant ils feront du bien. — Duranton, dit la *Fraternité de Grenoble*, C. ∴. Etranger tailleur de pierre. Grenoble, le 20 juin 1861. »

« J'ai lu avec plaisir, et surtout avec fruit, votre livre intitulé : *Question vitale sur le compagnonnage et la classe ouvrière.* Sans être volumineux, ce livre contient de quoi intéresser toutes les positions, tous les âges. Soit qu'on fasse ou qu'on veuille faire la pérégrination classique du Tour de France, soit qu'on ait planté sa tente en se croyant avoir arbitrairement acquis le droit de maîtrise, la marche de la conduite est indiquée d'une façon assez exacte pour savoir à quoi s'en tenir. Le jeune ouvrier n'a donc qu'à le lire pour y trouver les paroles d'un mentor; et nous, ouvriers casés, nous y trouvons aussi des conseils excellents et précieux, que l'on peut bien appeler les clefs de la félicité sociale. — Gonon, maître serrurier. Saint-Galmier (Loire), le 30 octobre 1861. »

Hauteville-House, 8 septembre 1861.

« Cher ancien collègue, les journaux vous ont parlé du voyage que je viens de faire sur le continent, vous avez donc excusé mon long silence involontaire. Me voici de retour. Je trouve votre lettre cordiale et vos livres si affectueux et si bons. J'ai lu déjà plus d'une de ces nobles pages, si empreintes de religieuse humanité, je tiens à vous en remercier tout de suite. Je vous envoie ce que j'ai de plus fraternel dans le cœur. — Victor Hugo. »

Je ne puis prendre des citations dans toutes les lettres que j'ai reçues relativement à ce livre, les unes provenant d'ouvriers travaillant chez autrui, les autres d'ouvriers établis, dirigeant des travaux de construction ou des établissements de différentes natures. Merci à tous. Merci également aux journaux qui ont propagé, rendu plus puissante ma pensée, et rapproché le but que je veux atteindre. Je voudrais donner ici d'autres extraits, mais ce serait long et cette sorte de préface, dont quelques travailleurs et un grand écrivain ont fait les frais, doit être close ici. A plus tard de me compléter.

AGRICOL PERDIGUIER.

Paris, 15 décembre 1862.

UN MOT D'AVERTISSEMENT.

—

Il y a ici un peu de Polémique, car ce travail est fait
en réponse à un autre travail. Je traite, en outre, de la
marche du Compagnonnage, de sa rupture aux tours
d'Orléans en 1401, de son esprit d'antagonisme, de ses
luttes, de ses scissions multipliées à partir de 1823, de
l'idée de réforme qui s'empara de lui en 1840 et les
années qui suivirent; je donne le nom de ses poëtes, de
ses écrivains, de ceux au moins qui me sont connus. Ce
tableau sera complété plus tard. J'entre dans des détails nombreux, saisissants. J'élucide tous les points de
la question; j'expose le mal et le bien, et je plaide en
faveur de celui-ci. J'aborde les moyens pratiques de
fusion, de réorganisation, et je dis nettement, franchement, comment je comprends ces grandes choses. J'ai
des conseils pour les Aspirants, les Affiliés, les Sociétaires, tous les Compagnons; j'essaie de relever mora-
lement la classe ouvrière, qui se néglige trop, de la
pousser vers l'instruction, le progrès des métiers, de la
grouper de nouveau, et de la rendre heureuse par le
travail, l'ordre et la vertu.

Sans doute, ce livre va étonner. Tous les Compagnons

parlent du temple de Salomon. Mais où s'est-elle faite la grande scission qui fit du Compagnonnage deux armées rivales? En quel lieu, en quel temps se sont formés les Devoirants et les Gavots? Voilà ce qu'on ignore complétement à l'époque où nous sommes. Je soulève un voile bien épais, je donne des clartés nouvelles au Compagnonnage, je lui montre son passé, je lui trace une route d'avenir; il se connaîtra lui-même autrement qu'il ne l'a fait encore... et peut-être sera-t-il mécontent d'abord d'une révélation historique à laquelle il était loin de s'attendre, et qui renverse une masse d'idées reçues. Mais qu'il me lise bravement, attentivement, consciencieusement, il finira par donner dans mon sens; il croira ce que je crois, il voudra ce que je veux, et nous arriverons à la réorganisation dont nous avons tous besoin, et qui seule peut assurer notre avenir.

Non, non, ce n'est pas ici un livre de flagorneries, flattant et abusant son lecteur, mais un livre loyal, courageux, parlant sans détour, et se proposant un grand but. Sera-t-il compris? les travailleurs sauront-ils l'apprécier? sauront-ils gré à son auteur d'une extrême franchise reposant sur un extrême amour? Espérons-le.

AGRICOL PERDIGUIER.

Paris, ce 15 mai 1861.

QUESTION VITALE

SUR

LE COMPAGNONNAGE

ET LA

CLASSE OUVRIÈRE.

———◦◦◦———

CHAPITRE PREMIER

LA SCISSION DU COMPAGNONNAGE.

M. Chovin, de Die, dit François le Dauphiné, compagnon menuisier du Devoir, vient de publier un livre portant pour titre : *Le Conseiller des Compagnons.* L'auteur s'occupe, avant tout, des Compagnons menuisiers du Devoir, dits les *Dévorants* ou *Devoirants*, et des Compagnons menuisiers de Liberté ou du Devoir de Liberté, dits les *Gavots*. Il affirme que ces deux Sociétes n'en formaient qu'une dans les temps passés, et voudrait les réunir en un seul faisceau, comme elles le furent jadis. L'entreprise n'est pas sans mérite.

M. Chovin touche à quelques points historiques.

Les Gavots et les Étrangers disent : « Salomon a fondé notre institution, et nos lois sont ses lois. » Tous les Devoirants disent : « Salomon nous a fondés, mais d'autres hommes nous ont régénérés, et nous vivons sous les lois de ces derniers. » M. Chovin seul, à moins que les menuisiers et les serruriers du Devoir ne partagent secrètement son avis, dit : « Non, vous vous

trompez tous : le fondateur, c'est Hiram. » Je répondrai
à M. Chovin et à d'autres : Etes-vous Compagnons
d'Hiram? L'êtes-vous de maître Jacques, sur lequel
votre livre reste absolument muet? Votre maître Jacques, car je suppose que vous en avez un, est-il celui
de la légende, le contemporain de Salomon, et peut-être
Hiram lui-même, ou bien celui des tours d'Orléans, dont
nous parlerons tout à l'heure? Remarquez bien ceci :
votre loi est très-catholique, elle exclut de votre sein,
encore aujourd'hui, tout ce qui ne professe pas cette
religion. Dites-moi donc, si vous le pouvez, pourquoi,
comment, à quelle époque vous avez rejeté l'ancienne
loi pour prendre la nouvelle? Est-ce en Judée? est-ce
en Provence? est-ce à Orléans (1)? M. Chovin n'a pas
éclairci ce fait important, il le laisse dans le vague...
Je vais tout à l'heure me joindre à lui; que chacun en
fasse autant, et peut-être tous ensemble trouverons-nous
la vérité. En débrouillant le passé et le présent, nous
travaillons aussi pour l'avenir.

Avant d'arriver à la question de fusion, M. Chovin
traite de la scission qui nous a séparés, et cette scission se serait faite, selon lui, en 800 de notre ère, dans
la ville d'Arles, le jour d'une fête de sainte Anne, et
cela parce que les jeunes Compagnons voulaient, dans
la marche du cortége, avoir le pas sur les anciens. Un
tel récit ne repose sur aucune donnée certaine ni probable. On ne peut supposer une scission opérée sur de
si frêles motifs (2). On allait, nous dit-on, à la messe

---

(1) Hiram vivait mille ans avant Jésus-Christ, mille ans
avant qu'il y eût des catholiques, et l'on veut qu'il ait
fait un devoir catholique, excluant les juifs, les mahomé-
tans, les protestants, enfin tout ce qui ne professe pas le
catholicisme ; est-ce possible? Une telle pensée ne choque-
t-elle pas le bon sens? La contradiction serait la même pour
un maître Jacques catholique ayant travaillé au temple de
Salomon mille ans avant la naissance du catholicisme. J'invite les compagnons du Devoir à la réflexion.

(2) Chez les compagnons du Devoir de Liberté on marche par
rang de grade et d'ancienneté, et ce principe n'a jamais causé,
non-seulement le moindre trouble, mais encore la moindre
contestation. Pourquoi en aurait-il été autrement chez nos
aïeux? Les détails que l'on nous donne ici ne sont pas sérieux.

à l'église des révérends Pères de St-Augustin. Ces pères ne furent créés que quatre cent cinquante-six ans plus tard, et l'auteur en fait lui-même la remarque. Une erreur aussi capitale en fait supposer d'autres de même nature, et, à mes yeux, réduit à néant, sur ce fait d'abord, toute l'argumentation du Compagnon menuisier du Devoir.

Et puis, pourquoi, à propos d'une chose si vieille, si obscure, si vague, donner raison à ceux-là, grand tort à ceux-ci ; qualifier les uns de sages, les autres de jeunes prétentieux, de révoltés ? De telles paroles ne sonnent pas bien à toutes les oreilles et ne peuvent que nuire à la cause que l'on veut servir. En outre,'pourquoi doter les uns de toutes les connaissances du Compagnon, ne laisser aux autres que la possession de quelques mystères ? Pourquoi, en divers endroits, des remarques minimes, au-dessous du sujet, qui ne reposent sur rien et ne mènent à rien ?...

M. Chovin abandonne un moment son sujet et arrive, sans transition, au concours qui eut lieu à Montpellier, en 1804, entre les deux sociétés rivales. Deux chaires à prêcher furent produites. L'auteur donne gain de cause aux Compagnons du Devoir ; déclare vaincus les Compagnons du Devoir de Liberté, conclusion contre laquelle ceux-ci protestent hautement.

S'il se fût agi d'une question de chant ou d'instruments ; si l'on eût opposé l'harmonie à l'harmonie, des sons fugitifs à des sons fugitifs qui frappent l'oreille et s'envolent aussitôt, maintenant, sur un tel fait, il ne resterait aucun élément d'appréciation ; et si des juges iniques ou ignorants s'étaient montrés cruels envers l'une des parties, il ne serait plus possible d'examiner à nouveau et de réduire à néant une injuste sentence. Mais les travaux exécutés il y a plus d'un demi-siècle, travaux matériels, solides, que l'on peut voir, que l'on peut toucher, sont encore dans la ville de Montpellier, bien conservés ; les plans sur lesquels les pièces de bois furent tracées sont dans le même lieu, en très-bon état.

Eh bien ! que faire pour se montrer équitable envers nos braves anciens et mettre fin à toute récrimination? Former une commission de savants menuisiers, de sa-

1.

vants architectes, d'hommes capables, consciencieux, amis de la classe ouvrière et de ses progrès. Ils verront ces deux importantes œuvres, et, ne perdant pas de vue qu'il s'était agi d'une question scientifiq ue et non d'une question de mortaises et de tenons, toute subtilité sera mise sous les pieds ; ils jugeront avec leur âme, avec leur cœur, et s'ils ont des louanges pour Liégeois, le travailleur le plus habile de ceux choisis par les Compagnons du Devoir, ils en auront d'aussi chaudes pour Dauphiné le Républicain, Dauphiné Sans-Quartier et Percheron le Chapiteau, les trois hommes les plus célèbres parmi ceux qui combattaient dans le camp opposé.

Si Liégeois devint architecte dans Montpellier, Dauphiné le Républicain acquit le même honneur dans sa ville natale, et cela prouve que des deux côtés on possédait à fond les principes de l'art. Ajoutons que Sans-Quartier devint docteur-médecin, et qu'associé à Sommières le Dauphin, il a publié un traité de trait qui ne manque pas de valeur. C'étaient donc là des hommes instruits.

J'invite les Compagnons du Devoir qui habitent Montpellier, tous ceux qui passeront dans cette ville, à faire visite au chef-d'œuvre de ceux qui furent leurs adversaires dans une grande et noble lutte ; ils en seront pénétrés ; ils rendront justice à qui de droit, j'en ai la certitude. Cette œuvre, je l'ai vue... C'est beau comme travail de trait, c'est beau comme forme, beau comme main-d'œuvre, beau comme exécution de toutes les manières. J'en parle en connaissance de cause, et j'espère que l'on me fera la grâce de croire que je ne suis pas étranger à la partie.

Qu'il y avait dans le Compagnonnage en ce temps-là de savants ouvriers ! Qu'ils étaient grands ! Qu'ils étaient puissants !... Comme ils chérissaient leurs métiers, qu'ils élevaient à la hauteur de la science et de l'art ! Imitons-les ; qu'ils soient nos modèles, et ne nous disputons pas niaisement à leur sujet. S'ils pouvaient nous voir et nous entendre de là-baut, ils nous crieraient : Étudiez, travaillez, produisez de grandes et belles œuvres... Soyez mus par l'amour, non par la haine, et vivez en paix. Vous vantez votre époque de lumière ; dépassez-nous,

et soyez des flambeaux pour ceux qui vous succéderont;
là sera votre gloire (1)!

(1) Nanquet, connu dans le Compagnonnage sous le nom
de Liégeois, parce qu'il était né dans la ville de Liége, devint architecte à Montpellier; il est mort dans cette dernière ville il y a peu d'années, et a laissé une réputation
d'honnète homme. Les entrepreneurs de travaux ne cessèrent de l'aimer, ses règlements ayant toujours été très-
consciencieux.

Dauphiné Sans-Quartier, Dauphiné le Républicain, Percheron le Chapiteau, Sommière le Dauphin étaient des hommes d'un vrai mérite. Le premier conçut le plan de la
chaire, et fut plus tard médecin dans la ville de Lyon; le
deuxième le seconda dans ce travail, et devint architecte
dans son pays natal; le troisième était le plus fameux comme
coupeur de bois, et s'acquit dans Beaugency de la réputation
comme savant menuisier; le quatrième s'établit à Montpellier, ne cessa de s'occuper de questions de théorie appliquée, et publia, uni à Sans-Quartier, un traité de trait qu'il
intitula : la *Science des artistes*, titre qu'on eût pu mieux
choisir sans doute. Nantais prêt à Bien faire, ami intime du
Percheron, se distingua aussi dans ce grand travail, et était,
en outre, le poëte et le prosateur des Compagnons du Devoir
de Liberté. A propos du grand événement auquel il avait été
mêlé, il composa une chanson de circonstance, qui renferme
quelques incorrections comme poésie, quelques mots un peu
rudes, mais d'un style élevé, pleine de grandeur, que je
veux reproduire ici, parce qu'elle peint l'ardeur et l'enthousiasme de l'époque et qu'elle mérite d'être lue.

« Compagnons, unissons nos voix;
Chantons, que l'écho retentisse;
Nous sommes encore une fois
Les vainqueurs, malgré l'injustice.
De maître Jacques les suppôts,
Ils ont tout fait, vous pouvez croire,
Pour arracher à nos Gavots
Les palmes sacrées de la gloire.

Chantons d'accord, gloire à nos Compagnons!
Vainqueurs (*bis*) des Dévorants au compas, au crayon.

A quoi vous servait d'emprunter
Un mauvais escalier de chaire,
Et puis d'aller le promener
Disant : nous venons de le faire.
Eh! ne saviez-vous pas, nigauds,
Que personne n'aurait pu croire

Comme M. Chovin, j'ai fait une excursion en dehors de mon sujet : je me hâte d'y revenir.

M. Chovin place à Arles, en 800 de notre ère, la ré-

> Que vous eussiez sur nos Gavots
> Remporté les palmes de gloire.

Chantons d'accord, etc.

> Vous fûtes frappés de terreur
> Quand nous fûmes dans vos boutiques
> Vous offrir la partie d'honneur ;
> Vous demeurâtes sans répliques.
> A l'aspect d'un bassin d'argent,
> D'un compas d'or pour la victoire ;
> Vous renonçâtes lâchement
> Aux palmes sacrées de la gloire.

Chantons d'accord, etc.

> Si dans votre rivalité
> Vous eussiez eu du caractère
> Vous auriez un peu médité
> Le modèle de notre chaire ;
> Car nos Compagnons glorieux
> Sont trop jaloux de la victoire
> Pour laisser remporter sur eux
> Les palmes sacrées de la gloire.

Chantons d'accord, etc.

> Gloire à Percheron le Chapiteau,
> Rendons hommage à sa science,
> Et donnons à ce vrai Gavot
> Des marques de reconnaissance.
> Pays, je vous laisse ordonner
> Un prix digne de sa victoire.
> Pour moi je veux le couronner
> Des palmes sacrées de la gloire.

Chantons d'accord, etc.

C'est un témoin oculaire, un acteur dans le grand débat de Montpelier qui vient de parler. Je fais la part de la poésie, de l'exaltation du moment, mais l'on reconnaîtra que des vaincus ne s'expriment pas avec une telle fierté. La chanson que voilà je l'avais toujours tenue éloignée de mes publications ; en parlant du concours dont elle traite j'avais vanté le mérite de tous les concurrents, sans faire pencher la balance d'aucun côté, et cela dans une pensée de paix et

volution qui, d'une société de frères, fit deux sociétés
rivales, d'une implacable jalousie, se battant, se déchirant sans trève et sans merci. Nous, nous plaçons ce
grand événement pour les travailleurs dans la ville d'Orléans, vers 1401. Que de fois le nom d'Orléans a frappé
l'oreille du Compagnon.

Notre Marseillais Bon-Accord, dans sa vive satire inti-
tulée *Origine des Compagnons du Devoir*, place à
Orléans l'action puissante de maître Jacques et de maître Soubise dans le Compagnonnage. L'une de nos plus
vieilles chansons, très-populaire jadis parmi nos anciens,
commence par ces vers :

> Quelle est cette horrible tempête
> Qui s'élève dans Orléans ?

En tête de la *liste supplétive,* ou arbre généalogique

d'union. M. Chovin, non entraîné par mon exemple, a cru
devoir agir autrement, et c'est à tort, car en froissant la
modération il froisse aussi la vérité. J'ai écrit à Montpellier
il y a peu de mois. J'ai demandé des renseignements. Des
recherches consciencieuses ont été faites..... d'autre part il
reste des souvenirs. Les travaux ne furent pas complétement
terminés en ce temps-là, il n'y eut point de vaincus. Je remercie M. Maurin de l'empressement qu'il a mis à satisfaire
à mes demandes. Rendons une égale justice à tous nos
grands travailleurs, et que la gloire d'un parti soit aussi la
gloire du parti opposé. Vous demandez la fusion, je la demande pour ma part. Unis, nos grands ouvriers sont les
vôtres, ce qui vous honore nous honore également, soyons
donc fiers de tous nos illustres aïeux et vivons en frères.'
Montpellier en 1804, après la révolution, après nos luttes
terribles avec l'étranger, pendant qu'on livrait encore bataille à l'Europe, put rassembler de si savants menuisiers,
tous morts maintenant, excepté Sans-Quartier. Le tour de
France pourrait-il, au temps où nous sommes, réunir autant de capacités ? C'est tout au plus. Ouvriers de nos jours,
parez votre corps de beaux et bons vêtements, mais ornez
votre esprit de solides connaissances, sans quoi il y aurait
en vous plus d'apparence que de réalité ; car l'homme, ce
n'est pas ce qui l'enveloppe, mais la somme de mérite qu'il
porte en lui-même et fait sa véritable grandeur. Honorons
nos aïeux, et soyons dignes du respect de ceux qui nous
succéderont.

des Compagnons du Devoir, et que des Compagnons du Devoir ont rédigée et signée, on trouve cette importante remarque à propos des tailleurs de pierre Compagnons Passants : « Ce corps fut oublié pendant quelque temps (1), et reprit ses premiers droits du temps de Jacques Moler d'Orléans, le fondateur des beaux-arts. »

Dans la même liste on lit ceci au sujet des chapeliers : « Premier droit de passe depuis le duc d'Orléans. Approuvé par tous les Compagnons. » (Voir le *Livre du Compagnonnage*, tome II, page 258.) On était alors au temps de la démence de Charles VI ; un duc d'Orléans était tout-puissant ; il aimait les arts, se fit initier, protégea les chapeliers, et les Compagnons de ce corps furent à la tête des Compagnons du Devoir. Ce droit de passe, ou d'ancienneté, obtenu par la faveur, devait plus tard engendrer bien des discordes parmi les enfants de maître Jacques et de maître Soubise.

Nos vieux Gavots parlaient sans cesse d'Orléans et des malheurs arrivés dans cette ville ; un bruit sourd, vague, répandu partout, l'a toujours signalée comme le foyer d'un vaste déchirement au sein de la classe ouvrière. Il fallait qu'il y eût, outre les paroles traditionnelles transmises de vive voix de génération en génération, des écrits conservés quelque part. Mais la fable nous flatte bien plus que la vérité. Combien de papiers trop véridiques, terribles aux légendes, ont dû tomber dans le néant !

Néanmoins tout n'est pas perdu : j'apprends que nous avons à Tours, à la Rochelle, à Chartres, à Valence, à Marseille, et peut-être ailleurs encore, de vieux manuscrits traitant de Jacques Moler et de la scission d'Orléans. Mais, en attendant que ces manuscrits soient exhumés, voici un document précieux, empreint d'un

_____

(1) « Ce corps fut oublié..... » Oublié n'est pas le mot vrai. existait comme composé de Jeunes Hommes, et non autrement. C'est dans la ville d'Orléans qu'il reçut un nouveau titre. L'oubli constaté par l'arbre généalogique n'est pas sans éloquence. Je comprends maintenant, sans les justifier, de certaines prétentions des Compagnons chapeliers.

profond cachet de vérité, qui sort, dit-on, des archives des Compagnons teinturiers, et que tout Compagnon, tout homme ami de la lumière, doit lire avec intérêt, en s'arrêtant sur chaque mot, car il va nous fournir un vaste sujet de méditation.

SCISSION DU COMPAGNONNAGE AUX TOURS D'ORLÉANS.

« Les tours de la cathédrale d'Orléans furent commencées en 1401. Les travaux en furent confiés à Jacques Moler, d'Orléans, dit la Flèche d'Orléans, *Jeune Homme du Devoir*, et à Soubise, de Nogent-sous-Paris, G.: *Compagnon* et *ménatzchim* des enfants de Salomon, dit Parisien le Soutien du Devoir.

« Ces deux *Compagnons* étaient les conducteurs et appareilleurs de tous ces travaux. Un grand nombre d'ouvriers y étaient employés. Mais un mécontentement général se propagea parmi eux ; une grève s'organisa secrètement. Lorsque le tout fut établi, ils abandonnèrent leurs travaux.

« Jacques Moler et Soubise, irrités de cette manière d'agir, inconnue aux Francs, demandèrent à la cour des Aides ce qu'ils avaient à faire en pareille circonstance. Le Parlement prononça de suite le bannissement de tous ces corps d'état organisés. Les charpentiers, teinturiers, tailleurs de pierre, ainsi qu'une partie des menuisiers et serruriers, se rendirent aux ordres de Moler et Soubise, par crainte de subir les mêmes peines. Ils adoptèrent pour leur père Jacques Moler, d'Orléans. Celui-ci permit aux charpentiers d'adopter Soubise, de Nogent, ce qu'ils firent sur-le-champ. Mais une partie des menuisiers et serruriers formèrent une ligue et jurèrent d'être toujours fidèles à Salomon ; ils prirent la fuite et s'embarquèrent sur des *gavotages*, ou gabords (de là le nom de Gavot dont ils se parèrent eux-mêmes). Une partie des tailleurs de pierre prit la fuite également. Enfin leurs anciens titres furent brûlés, et Moler et Soubise proclamés maîtres de nom, et le Christ maître spirituel.

« Rien ne fut ménagé pour soumettre les *Compagnons*

révoltés: le fer, le gibet (1), la prison, tout fut employé.
Plusieurs corps d'état se présentèrent et furent reçus
dans leurs Cayennes, et portèrent le nom de *Compagnons
Passants*. Ce furent les cordiers, vanniers, chapeliers,
blanchers ou mégissiers, etc. On leur donna la règle du
Devoir à suivre, et ils furent reçus par les épreuves de
la passion, et les entrées de chambre furent symbolisées
par le pain, le vin et le fromage, et le tout en para-
boles.

« Il ne fut gardé que ce qui était indispensable comme
origine par rapport à Salomon. Dans le nombre des
corps, il y en eut qui ne furent pas finis ; il leur fut
donné une *Légende*, où la morale était également, par la
raison qu'on voulait voir s'ils seraient fidèles, et
qu'alors ils verraient la vérité. La Sainte-Beaume fut
maintenue comme lieu de pèlerinage et où les couleurs,
au lieu d'écharpes, furent prises, et portèrent gravées
les souffrances du vrai Maître (Jésus-Christ).

« Des charpentiers, menuisiers, serruriers, teinturiers et tanneurs, enfants de Salomon, voyant que la
force était pour Moler et Soubise, demandèrent à être
Compagnons du Devoir, ce qui leur fut accordé. Les
charpentiers entrèrent sous Soubise et les autres sous
Moler. Il ne restait plus qu'une partie des tailleurs de
pierre, des menuisiers et serruriers qui adoptèrent le
nom de *Gavots* et *Compagnons du Devoir de Liberté*;
quant aux tailleurs de pierre, ils prirent le nom de *Compagnons du Devoir Étranger* : tous les trois enfants de
Salomon et fidèles à leur maître premier.

« Quand Moler et Soubise avaient prononcé, tout fléchissait sous leur joug puissant. Il fut donc décidé que
les *Jeunes Hommes* qui avaient vaillamment secondé
Jacques Moler et Soubise porteraient le nom de *Compagnons Passants*, et auraient, ainsi que les charpentiers,
les couleurs flottantes à la toque, dont cinq grandes et
cinq petites ; et que les tailleurs de pierre pourraient
en ajouter de fleuries. . . les menuisiers et serruriers
sur le cœur, les teinturiers attachées à leur ceinture

(1) On prenait un homme, on le pendait au premier arbre
venu sans forme de procès, et justice était faite. Combien
de compagnons durent périr en ce temps-là.

rouge, et les tanneurs à leur ceinture bleu de ciel (1), et tous flottantes à la canne.

« Les Compagnons fidèles à Salomon gémissaient et protestaient toujours contre toutes ces réceptions ; ce que voyant, Jacques Moler, dit la Flèche d'Orléans, et Soubise, de Nogent sous Paris, dit Parisien le Soutien du Devoir, firent une assemblée de leurs prosélytes, et donnèrent les règles et statuts à suivre strictement. L'accolade, ou guilbrette, fut donnée aux nombreux tailleurs de pierre initiés, et l'entrée de chambre leur fut accordée. La *chambre* était destinée aux examens moraux et sur le travail que l'on faisait subir aux nouveaux initiés. Un maître Compagnon y était attaché continuellement pour diriger les travaux symboliques et pour inscrire les noms des Compagnons Reçus, pour donner les paroles, mots sacrés, et la reconnaissance générale de chaque corporation.

« Enfin Jacques et Soubise firent jurer à leurs Compagnons ce serment solennel :

« Je jure par le Dieu que j'adore, par l'âme qui m'a-
« nime, par le sang qui circule dans mes veines, par ce
« cœur qui bat sans cesse en moi, de garder inviolable-
« ment, avec constance, persévérance et fermeté, les se-
« crets qui viennent de m'être confiés par mes respec-
« tables frères, et frères Jacques et Soubise ; je jure
« par mon Saint Devoir d'aimer mon prochain comme
« moi-même, de le secourir partout, de punir le traître,

---

(1) Des Compagnons portaient les couleurs à la tête, le siége de l'intelligence, de la raison, la boussole humaine, et devaient les faire flotter devant l'épaule gauche, il y avait là une pensée. D'autres Compagnons devaient les porter sur le cœur, ou près du cœur, le siége de l'amour, de l'affection, l'inspirateur du sacrifice et des grands dévouements. Cela renfermait encore quelque chose de profond. Plus tard les corps de métiers se disputèrent à propos des rubans portés à une boutonnière plus ou moins relevée. C'est qu'ils avaient perdu le sens des bonnes choses, et qu'ils portaient leurs regards sur les vêtements et non sur l'homme lui-même. Le teinturier, le tanneur avaient la ceinture..... mais les couleurs aussi, qui étaient comme des rayonnements du cœur. Qu'on cesse donc de se disputer à propos des insignes, et qu'on se garde bien d'être futile dans les choses graves.

« et de soutenir le Saint Devoir jusqu'à la dernière
« goutte de mon sang. »

« Aussitôt que ce serment fut prononcé, Jacques
Moler prit la parole et dit : « Compagnons, le serment
« que vous venez de prêter sera désormais gravé dans
« nos cœurs. Soyez donc tous disciples de la fraternité
« et soumis aux lois qui nous régissent et qui sont de
« protéger vos frères, etc. »

« A cette assemblée, il fut décidé que tout non-catho-
lique ne serait plus reçu Compagnon ; et, sur leur demande, les Compagnons menuisiers et serruriers n'eurent
plus de surnoms de compagnons, et cela pour se distinguer des Gavots : ils alléguèrent aussi que, ayant été
baptisés, ils n'avaient pas besoin de l'être une seconde
fois, suivant les maximes du vrai Maître Jésus-Christ.

« Il fut aussi donné aux charpentiers le nom de Bons-
Drilles, aux sectateurs de maître Jacques celui de Bons-
Enfants ; seuls, dans la suite, les quatre corps et les
selliers furent appelés Jolis-Compagnons. » (*Extrait des
Archives historiques des Compagnons *** du Devoir.*)

Ne voilà-t-il pas des détails curieux, et ces détails ne
portent-ils pas un cachet frappant d'authenticité? A plus
d'une époque j'ai traité du Compagnonnage, et j'ai pu,
sur quelques points, être en désaccord avec ce qui pré-
cède. Mais lorsque je trouve la vérité, je m'y rallie
quand même, et avec empressement. Si chacun veut agir
avec une égale loyauté, je suis assuré que l'accord général y trouvera son compte.

Pendant longtemps j'ai cru que les Templiers, et leur
dernier grand maître tout particulièrement, avaient été
les créateurs et puis les protecteurs des Compagnons du
Devoir ; je m'étais figuré que Jacques Molay était le
maître Jacques tant chanté dans le Compagnonnage.
C'était une erreur. Sans doute les Templiers ont protégé
les Compagnons, ont été leurs amis, ont eu avec eux de
nombreux points de contact, mais ça a été avant leur di-
vision et lorsqu'ils étaient encore tous régis par la loi
judéenne.

Il faut que l'on se pénètre bien de ceci : C'est que
tous les Compagnons de France ont la même origine,
qu'ils ont tous été enfants de Salomon, qu'ils sont des

branches sorties d'un même tronc, qu'ils sont frères dans le passé et qu'ils doivent l'être dans l'avenir.

Les Templiers avaient péri ; Charles VI régnait ; un duc de Bourgogne, un duc d'Orléans étaient les plus grands personnages de la France. Orléans s'agrandissait, s'embellissait ; les tours de la cathédrale étaient en voie d'exécution.

Alors un ordre monastique tout-puissant, l'ordre du Temple, avait péri, répétons-le. Mais si le roi, mais si le pape l'avaient accusé ; si quelques points de sa doctrine touchaient à l'hérésie ; si, créé en Palestine, il avait de l'hébraïsme et peut-être du mahométisme dans ses dogmes ; s'il proclamait bien haut le Dieu de l'univers, il est à croire que les Compagnons de Salomon, les seuls connus jusque-là, suivaient des principes équivalents.

Il y avait chez eux de l'hébreu, du phénicien, de l'arabe, du chrétien. Tous les cœurs étaient religieux, mais il y avait mélange de nationalités, de cultes, et la tolérance était grande dans cette armée de l'industrie, dans cette chevalerie de l'équerre, du compas, de la science, de l'art, des immenses travaux, qui se parait de rubans, s'appuyait sur la canne, qui se divisait par groupes, compagnies, corps innombrables, se reconnaissant partout à de certains mots, à de certains signes, et ne cessait jamais d'être une partout et parfaitement unie. Elle allait dans tous les lieux où le travail l'appelait, elle couvrait la terre des œuvres de ses mains. Mais si les chevaliers du Temple avaient péri sur les bûchers, si des troubles religieux avaient agité la France, s'il y avait de profondes divisions entre les hommes à propos de la croyance, il est à croire que les Compagnons du Temple, que la chevalerie du travail n'était pas sans tiraillements, sans luttes sourdes, et que l'élément catholique faisait dans son sein une guerre bien soutenue à l'élément ancien et voulait l'absorber.

Nous voilà aux tours d'Orléans. Il y avait une immense agglomération de travailleurs : le mécontentement pénétra dans cette masse ; elle se mit en grève ; une scission en fut la conséquence. Mais, répétons-le, la séparation des hommes avait été précédée de la séparation des idées ; les croyances étaient diverses ; il y avait antagonisme en fait de religion. Une occasion fortuite produisit la rupture, et des ouvriers frères jusque-là devinrent d'implacables ennemis.

Retournons à notre document, et, appuyés sur lui, livrons-nous largement à nos réflexions sur le passé, le présent et l'avenir.

Maître Jacques, maître Soubise étaient de savants travailleurs. L'un était Jeune-Homme du Devoir; l'autre était Compagnon et s'appelait le soutien du Devoir. Pourquoi ce surnom? C'est qu'avant de donner ce titre à une société naissante ou régénérée, on l'avait donné au code, au contrat de la société primitive. L'on se nommait le soutien du Devoir comme l'on se fût nommé le soutien de la constitution, le soutien de la loi. Le Devoir était la loi sociale, la loi morale, la loi religieuse: c'était la loi des lois; il était tout; aussi l'on vivait et l'on mourait pour lui.

Avant la séparation l'on ne s'appelait ni Compagnons du Devoir, ni Compagnons de Liberté, ni Compagnons Etrangers, ni Compagnons Passants, mais tout simplement Compagnons menuisiers, Compagnons serruriers, Compagnons tailleurs de pierre, Compagnons charpentiers; toute autre qualification était superflue. En se séparant, les uns donnèrent à leur société le nom de leur qualité d'hommes libres, et furent Compagnons de Liberté ou de la Liberté; avec ceux-ci furent les Compagnons Etrangers; et ce terme rappelait aussi qu'ils n'étaient attachés ni à la terre ni à l'homme, qu'ils n'étaient ni serfs ni esclaves, qu'ils pouvaient circuler librement, sans obstacles, dans tous les pays du monde.

Les membres du côté adverse se parèrent du nom de leur code renouvelé, plus fortement empreint de catholicisme, et s'appelèrent Compagnons du Devoir. A ce titre, ils en ajoutèrent un autre. Ils pensèrent qu'ils devaient se livrer à de fréquents voyages, et que, s'ils n'étaient plus les Etrangers, ils devaient être les Passants. Tous les Compagnons du Devoir s'attribuèrent donc cette seconde qualification; mais les tailleurs de pierre seuls, opposés à d'autres tailleurs de pierre, les Etrangers, usèrent largement de ce titre et rendirent populaire le nom de Compagnons Passants, sous lequel le public les désigna tout particulièrement.

Les Compagnons restés fidèles à Salomon se dirent

alors : « Ils sont les Compagnons du Devoir ! soit... Nous, nous sommes des hommes libres, des voyageurs, presque toujours étrangers aux lieux où nous travaillons ; mais nous sommes soumis à un code, à un Devoir. Ce Devoir, nous l'aimons, nous le vénérons, et noussommes aussi Compagnons du Devoir, mais du Devoir de Liberté, mais du Devoir Étranger, qui a pris naissance en Judée et non à Orléans. »

On ne peut lire l'histoire ancienne sans que le mot *étranger*, appliqué aux ouvriers, aux artisans, ne vienne frapper la vue, et le nom concorde parfaitement avec la chose (1). En effet, n'étaient-ce pas des Tyriens, des Sidoniens, unis aux Hébreux, qui travaillaient au temple de Jérusalem? N'étaient-ce pas des Phéniciens qui construisaient Carthage et tant d'autres villes d'Afrique et d'Asie? N'étaient-ce pas des Etrusques, des Tyrrhéniens, des Grecs qui bâtirent les premiers monuments de Rome naissante et que Numa récompensa en reconnaissant et protégeant leurs associations ? N'étaient-ce pas des étrangers, des hommes de condition libre, ceux qui furent appelés en Sicile par Denys l'Ancien et élevèrent les grands travaux de Syracuse, sa capitale? Ne sont-ce pas des corporations d'ouvriers italiens, étrusques, grecs, que les douze tables autorisent du moment que leurs lois ne sont pas en contradiction avec les lois du pays? Ne sont-ce pas les mêmes corporations que plus tard le sénat voulut supprimer, que le tribun Clodius releva, que Cicéron attaqua avec des paroles pleines de fiel, et dont César et Auguste se firent les protecteurs? Ne sont-ce pas des compagnies, des corps organisés, des fratries, des coteries, des ouvriers libres, Phéniciens, Rhodiens, Grecs Latins, Gaulois et autres qui suivirent les armées romaines et firent partout surgir du sol des ponts, des aqueducs, des arcs triomphaux, des théâtres, des cir-

(1) Tout ce que je dis dans cette page des ouvriers de l'antiquité, je pourrais l'appuyer de bonnes citations puisées dans des auteurs contemporains des temps dont je parle, mais je réserve mes preuves pour *l'ouvrier à travers les siècles, ou coup d'œil historique sur le Compagnonnage*, ouvrage qui exige de grandes recherches, et que je finirai par mettre au jour.

ques, des temples, des monuments de toutes les sortes?

Et lorsque les croisades eurent mis en rapport l'Orient et l'Occident, les Allemands et les Arabes, les Français et les Syriens, les Italiens et les Grecs, les peuples de l'Europe et ceux de l'Asie, ne vit-on pas un nouveau goût architectural se répandre de toutes parts, et palais, châteaux, vastes abbayes, splendides hôtels de ville, magnifiques cathédrales s'élever comme par enchantement? À qui devait-on ce progrès dans les arts, la création de tant de merveilles? Aux ouvriers organisés en corps de métiers, à la chevalerie du travail, toujours errante, toujours vagabonde, nous apportant ses lois et sa science, serrant la main aux Templiers en France, à l'ordre Teutonique en Allemagne; pénétrant en Angleterre, en Espagne, en Suède, chez toutes les nations. Quelle belle institution! Elle devait venir se heurter aux tours d'Orléans.

On s'établissait difficilement dans ces temps reculés; de nombreux obstacles entouraient la maîtrise; peu de travailleurs pouvaient en faire la conquête; beaucoup d'ouvriers étaient ouvriers toute leur vie; un grand nombre ne se mariaient jamais. Mais ils trouvaient dans l'association, dans le Compagnonnage, en France et ailleurs, un père, une mère, des frères, des sœurs, des pays, des coteries, enfin une véritable famille dont les soins étaient incessants, qui les protégeait, les choyait de l'enfance à la tombe, et priait Dieu pour eux quand ils avaient cessé de vivre. La scission d'Orléans brisa ce puissant faisceau, d'une famille forma deux familles rivales, et des luttes sanglantes en furent la conséquence.

Les Compagnons étaient avant la scission, quant au dogme, un peu ce qu'est la franc-maçonnerie de nos jours. Chaque associé était libre dans sa foi, dans son culte, dans ses pratiques particulières; mais l'association adorait le Dieu de tous les peuples, aimait Jésus, pratiquait une large tolérance, et cela faisait sa force et son unité. Elle allait, les jours de fête, à l'église ou au temple de la majorité de ses membres, et elle priait au profit de tous. Mais les disputes théologiques finirent par pénétrer dans son sein; un principe nouveau, absolu, exclusif, y prit racine; l'autorité le seconda; la lutte finit par s'engager, et la scission se fit. Maître Jacques et maître Soubise se hâtèrent de constituer une vaste société reposant sur de nouvelles bases, et en opposition à la société ancienne, que l'on détruisait autant que possible.

On ne garda comme origine que l'indispensable relativement à Salomon. Jacques et Soubise furent proclamés chefs de nom, maîtres temporels, et Jésus-Christ maître spirituel. Le nouveau code fut appelé le Très-Saint-Devoir-de-Dieu. Pour le voir, pour le toucher, il fallait être catholique.

Maître Jacques permit aux charpentiers d'adopter maître Soubise pour chef; mais on comprend qu'il dut se réserver une sorte de suzeraineté, qu'il avait un lieutenant, non un égal, et que son Devoir fut le Devoir de tous les corps, sans aucune exception.

Voilà d'où vient l'intimité des enfants de Jacques et de Soubise, et l'isolement des enfants de Salomon. Ce n'était plus la même famille, ce n'était presque plus la même religion; de hautes barrières séparaient ceux-ci de ceux-là.

Des corps de métiers, dit le précieux document, ne furent pas finis; on voulait éprouver leur fidélité. On leur donna une *Légende* où la morale était également. On ne conserva que le strict nécessaire par rapport à Salomon. On reçut par les épreuves de la Passion. Ajoutons ceci : Maître Jacques fut idéalisé, presque divinisé. Ce fut un Christ. On le fit le contemporain de Salomon, l'un des architectes du temple de Jérusalem; on lui attribua la plupart des travaux d'Hiram, même les colonnes Jakin et Booz. Il fut question de sa réception, de ses belles paroles adressées au roi pacifique, de ses voyages, de son arrivée à Marseille quatre cents ans avant qu'elle ne fût bâtie, d'un Compagnonnage fondé par lui, de sa mort violente, de son esprit apostolique, d'un cortège dans la forêt, d'une tempête effroyable, de station, de prières, d'oraisons, de tombeau... de l'amour des disciples pour le maître.

Il fallait une mise en scène et produire une impression sur le cerveau et le cœur des adeptes. Des discours étaient là : c'était quelque chose de religieux, de grand, capable d'élever l'âme et d'inspirer le courage et la sympathie. Ces discours respirant les temps antiques, plus hébreux que chrétiens, d'une si noble et si sainte éloquence, d'où viennent-ils ? d'où les tira-t-on ? Sans doute de l'ancienne loi, du code judéen, des archives, des titres qu'on mit à contribution et qu'ensuite l'on jeta dans les flammes. Cette légende n'était pas une œuvre sans mérite. (Voir le *Livre du Compagnonnage*, tome Ier, page 34.)

En recevant le compagnon, on lui donnait la fable ; en le finissant, on lui donnait la vérité. Mais une fois l'esprit illuminé, charmé, réjoui de la poétique fiction, une fois qu'il eut vu le temple, les merveilles antiques, il ne voulut plus descendre à la froide réalité. Une trop récente origine lui parut prosaïque, vulgaire, le choqua vivement et le fit tomber de bien haut dans le désenchantement le plus complet ; il préféra son rêve brillant, radieux au triste positivisme. Les sommités de l'ordre comprirent ce déplorable effet : il fallut aviser. La légende fut conservée, baptisée du nom d'histoire ; l'histoire dut fuir, se retirer dans les lieux secrets ; les flammes la menaçaient et ne l'atteignirent que trop souvent. Honneur aux corps d'états qui ont eu assez de philosophie, assez de vertu et de courage pour lui donner asile (1) !

Dans Orléans, menuisiers, serruriers, charpentiers, teinturiers, tanneurs, tailleurs de pierre, naguère enfants de Salomon, étaient devenus enfants de maître Jacques et de maître Soubise. Les deux fondateurs étaient obéis au moindre signe. En ce temps, il fallait en bas une extrême soumission, et les chefs ne supportaient point les remontrances. « Quand ils avaient prononcé, dit le document, tout fléchissait sous leur joug puissant. » La force était de leur côté ; l'on se soumit, l'on s'inclina ; mais la peur avait agi sur les hommes autant et plus que la conviction. Et puis la loi, qui descendait comme du ciel, fut sévère, ne dut pas être examinée, mais suivie religieusement et ponctuellement. Je trouve dans une vieille chan-

(1) Plusieurs Compagnons m'ont reproché des contradictions dans *le livre du Compagnonnage*, parce que parfois je fais parler la légende et d'autres fois l'histoire. Qu'on réfléchisse, qu'on entre dans ma pensée, et la contradiction disparaîtra.

son de Compagnons du Devoir un couplet qui peint à merveille la situation du maître et des disciples ; le voici:

> Quand maître Jacques nous commande,
> Promptement nous obéissons;
> Et jamais nulle réprimande,
> Jamais nous ne contredisons.
> Son autorité est si grande
> Sur tous les cœurs des compagnons,
> Qu'il n'en est aucun qui ne tremble
> Lorsqu'il entend prononcer son nom.

Maître Jacques, savant tailleur de pierre, architecte d'une haute portée, homme influent partout où il dirigeait ses pas, n'était que Jeune-Homme, c'est-à-dire non encore initié aux mystères du Compagnonnage au moment de la scission. Il portait un surnom, mais cela ne prouve rien, attendu que dans le corps des tailleurs de pierre Étrangers, et dans celui-là seul, l'on recevait et l'on reçoit encore une sorte de baptême avant d'être Compagnon.

Que cependant les enfants de Salomon ne raillent pas, ne tirent pas avantage du fait avancé ci-dessus, car ils seraient dans leur tort, et voici pourquoi : Soubise était Compagnon ; les charpentiers, les menuisiers, les serruriers, les tanneurs, les teinturiers étaient Compagnons; ce que maître Jacques ne savait pas, on se hâta de le lui apprendre, ce qu'il ne possédait pas lui fut promptement communiqué ; il ne fut privé d'aucune lumière ; on le reçut, on le finit.... Et puis, ne promena-t-il pas ses regards pénétrants sur tous les anciens papiers ? ne connut-il pas tous les titres et tous les mystères ? pouvait-il ignorer quelque chose?

Les Jeunes-Hommes tailleurs de pierre qui avaient vaillamment soutenu les Maîtres participèrent aux accolades, aux entrées de chambres, enfin on les fit Compagnons : ce furent les Passants mis face à face avec les Étrangers. Ce dernier corps avait eu précédemment d'autres troubles: il avait perdu des Jeunes-Hommes qui vivaient dans l'isolement. Ces isolés se joignirent à ceux que Jacques Moler avait constitués en société, ne firent

2

qu'un tous ensemble, et formèrent comme la première compagnie de cette puissante armée de travailleurs.

La force était du côté de Jacques et de Soubise ; les pouvoirs, l'Église les protégeaient, en ces premiers temps du moins. L'agitation passa d'Orléans dans les provinces, dans les comtés et les duchés ; partout il y eut lutte et déchirement. Les Compagnons du Devoir avaient le dessus et leur puissance fut grande.

Les Compagnons les plus fermes, les plus convaincus, trop insoumis aux choses nouvelles, furent traités de révoltés, bien qu'ils conservassent l'ancienne loi, l'ancien Devoir, l'esprit de tolérance, la philosophie religieuse, et subirent de violentes persécutions. On usa contre eux du fer, du gibet, de la prison, de supplices divers. Ils prirent la fuite (1) sur des gavotages, sortes

(1) Voici quelques vers mal faits et mal rimés d'une vieille chanson qui rappelle un grave événement. Il y a là des termes très-rudes ; on passera dessus sans s'en offenser, pour arriver aux clartés que nous voulons en tirer.

« Mais nos Compagnons habiles
S'en vont tous riant, chantant,
Droit à la maison de ville
Pour y tirer joyeusement.

« Arrivés à l'audience,
Les jurés ont commencé
Par nous imposer silence
Et vouloir nous maltraiter.
A grands coups de hallebarde,
De sabre et de mousqueton,
Est-ce là de la manière
De traiter les Compagnons
Qui sont fondés par Salomon.

« Nous partîmes de la ville
Quatre à cinq cents Compagnons,
Tous lurons de bonne mine,
Tous enfants de Salomon.
Et vous maîtres et maîtresses,
Faites provision de foin,
Pour ces sacrés chiens qui restent,
Car, ma foi, l'hiver n'est pas loin. »

de bateaux, traversèrent ou descendirent la Loire, ga-
gnèrent l'Angoumois, le Périgord, le Bordelais, la Gas-
cogne, le Quercy, le Languedoc, la Provence, le Rouer-
gue, le Gévaudan, le Vivarais, le Dauphiné, le Lyonnais,
le Forez ; se lièrent aux Vaudois, aux populations des
Cévennes et à celles des Alpes, et ils furent doublement
Gavots : Gavots par les bateaux qui les avaient sauvés,
Gavots par leurs rapports avec les montagnards qui se

Voilà des couplets qui ne brillent en aucune manière;
point d'idée, point de poésie, mais ils rappellent un fait, et,
sans doute, l'origine de plusieurs sobriquets dans le Compagnonnage.

Ceux qui sont forcés de quitter la ville d'Orléans jettent,
en partant, à la face de leurs adversaires, ainsi que le font
les disciples de Mahomet aux chrétiens d'Orient, le nom de
chien. Pourquoi cette épithète? C'est qu'ils les trouvaient
trop pliants, trop disposés à se soumettre à de nouvelles
formes, à reconnaître de nouveaux maîtres. Les Devoirants
acceptèrent la qualification et répondirent: Oui, nous sommes
des chiens, c'est-à-dire des modèles de soumission, de fidélité;
mais vous, vous êtes des loups, l'indépendance et la rigueur;
vous des gavots, des vaudois, des hérétiques, des caractères
montagnards; et ces noms furent encore acceptés. Les Compagnons tailleurs de pierre Étrangers, appelés les Loups,
dirent aux tailleurs de pierre Passants, leurs émules : Nous
sommes les Loups, les amis de la liberté, étrangers, insoumis à vos transformations prétendues saintes, mais vous,
qui faites des cérémonies bruyantes, qui poussez des gémis-
sements, des cris formidables, vous êtes des Loups-Garous ;
et tous ces sobriquets donnés, reçus, acceptés, se sont main-
tenus jusqu'à nos jours.

Les Compagnons sont très-forts sur le chapitre des sobriquets. Pour un corps de charpentiers du mot liberté, titre
de la société, on a fait l'épithète de libertin. Les Devoirants
furent appelés Dévorants, et cette altération de nom ne leur
déplut pas à la fin. On aime mieux être les Dévorants que
les dévorés. Des qualifications si rudes, pour beaucoup
d'hommes, recommandent une société. Les Loups étaient
fiers d'être loups. Qui donc voudrait s'incorporer dans
l'armée des agneaux? Nous avons eu une légion infer-
nale, les hussards de la mort... Rien de plus populaire! Jusqu'à ce jour, généralement, on a préféré la force
à la justice. Puisse-t-il en être autrement à l'avenir! Il
faut le constater, les sobriquets perdent du terrain. Tant
mieux.

parent aussi du même titre (1). Ils ne cessèrent d'ouvrir
leurs temples, leurs bras et leurs cœurs aux ouvriers de
toutes les nations et de toutes les religions. Ils étaient
des hommes de travail, des hommes de métiers, de
science, d'art avant tout, remuant la pierre, le bois, le
fer, l'équerre, le compas, le crayon, et non les matières
politiques ou théologiques, qui ne pouvaient que les
troubler et les diviser.

On avait brûlé, nous dit-on, leurs titres à Orléans...
Mais une société n'a pas qu'un seul exemplaire de sa
loi ; cette loi se trouve partout où la société se répand,
se fixe, s'assied positivement, et le tort subi dans un
instant de crise fut bientôt réparé. Seulement, après une
telle rupture, il fallut changer les mots de passe, les
reconnaissances, plusieurs détails des réceptions ; le
code fut modifié, mais l'association conserva toujours
son caractère primitif et ne se relâcha en rien de son antique tolérance en fait de religion.

Les chefs de la scission d'Orléans, avec l'appui
d'hommes qui leur étaient dévoués dans de nombreuses
villes, avaient généralisé la lutte et accompli leur révolution. Il fallut constituer, lier, en un tout compact, tout
ce qui les avait suivis. Ils provoquèrent une immense
assemblée, donnèrent des statuts stricts, rigoureux ; et
là chaque adepte prêta le serment le plus énergique. Il
fut décidé dans cette assemblée que les non-catholiques
ne seraient plus reçus Compagnons, et les menuisiers et
serruriers, pour se distinguer des Gavots et donner une
preuve de leur dévouement à la religion, déclarèrent
qu'ils renonçaient à leurs surnoms. Le prêtre les avait
baptisés en venant au monde ; c'était assez pour eux.

Du côté de Jacques et de Soubise étaient les charpentiers, des tailleurs de pierre, des menuisiers, des serruriers, et, en outre, les tanneurs et les teinturiers. Ces
deux derniers corps, d'après la *Liste supplétive*, ou
arbre généalogique des Compagnons du Devoir, insérée
dans le *Livre du Compagnonnage*, tome II, page 258,

(1) Les départements du Midi qui comptent le plus de
protestants furent toujours la pépinière des Compagnons du
Devoir de Liberté, c'est là qu'ils se recrutent sans cesse, et
cela ne pouvait faire oublier leur nom de gavots.

auraient été fondés en 1330; soixante et onze ans avant la scission. Ils avaient donc fait partie des enfants de Salomon. D'autres métiers furent admis par les mêmes fondateurs et se placèrent presque tous sous le patronage de Jacques Moler.

D'après la même liste, qui peut renfermer des erreurs, mais qui n'en est pas moins pleine d'intérêt, car en bien des points elle concorde parfaitement avec le document qui sert de base à toute cette argumentation, les cordiers auraient été reçus en 1407, les vanniers en 1409, les chapeliers en 1410 ; les chamoiseurs ou mégissiers vinrent ensuite. Les admissions se multiplièrent, et chaque siècle vit grossir ce Compagnonnage.

Les enfants de Salomon, dit notre document, dont le caractère d'impartialité ne laisse aucun doute, gémissaient et protestaient contre toutes ces réceptions de nouveaux corps d'états.

Les deux camps étaient bien tranchés : d'un côté étaient les enfants de Jacques et de Soubise, exclusifs en fait de croyance, mais admettant de nombreux métiers; de l'autre, les enfants de Salomon, ne repoussant aucun culte, mais se renfermant dans les états du bâtiment. Là était le Très-Saint-Devoir de Dieu, code révélé, sévère, courbant l'Aspirant sous l'autorité du Compagnon, attribué à maître Jacques, l'ardent catholique ; ici, le Devoir de Liberté; code plus démocratique, laissant place à l'examen, à l'esprit de réforme, donnant des droits à l'Affilié ou Attendant, attribué à Salomon, le plus tolérant des rois. Des deux parts chacun avait ses lois, ses principes, ses reconnaissances, et il n'y avait plus possibilité de se mêler et de réunir ce qui s'était séparé avec tant d'éclat.

Ces deux Compagnonnages marchèrent parallèlement, construisant, voyageant, se livrant à mille travaux, jaloux l'un de l'autre, s'excitant l'un l'autre ; divers de formes, de mœurs, d'idées, d'esprit ; voulant se dépasser, se vaincre mutuellement par le talent, la science, la capacité de leurs adhérents, de leurs ouvriers, de leurs prosélytes, de leurs Compagnons ; luttant de vigueur, d'émulation, de haine ; s'injuriant, se calomniant, se déchirant, se montrant du doigt dans la rue, se livrant de temps en temps de terribles combats.

2.

L'un eut d'abord l'appui de l'Église, ce qui servit à son installation ; cet appui lui fut retiré : on l'accusa de profaner les mystères, d'être une abomination, et, comme son adversaire, eut à traverser de mauvais jours (1). Malgré des luttes traditionnelles dont on ignorait la cause première et dont on conservait l'habitude, malgré les difficultés des temps, et tantôt à la clarté du jour, tantôt dans les ténèbres, ils traversèrent les siècles.... Leur utilité faisait leur perpétuité. Les guerres, les révolutions, les catastrophes de toutes les natures, leurs luttes acharnées, les rigueurs des autorités, les anathèmes de l'Église ne purent les ébranler, et ils vécurent et prospérèrent quand même. Leur émulation dans le travail, leurs chefs-d'œuvre, les ouvriers qu'ils formaient, les bienfaits qu'ils répandaient les servaient dans l'esprit public, et le peuple les aimait malgré leurs désordres trop apparents et les nombreuses poursuites dont ils étaient l'objet.

Nous arrivons à mil huit cent quinze.

La France avait triomphé, et puis elle avait éprouvé de mauvais jours. L'Empire était renversé... nos armées n'existaient plus. Des masses de jeunes soldats se jetèrent alors dans les métiers, dans les deux associations, et voyagèrent. Mais ils étaient ardents, belliqueux jusqu'au fanatisme. Ayant aimé les combats comme militaires, ils les aimèrent comme Compagnons. La canne remplaça le sabre et le fusil. La fureur souffla de toutes parts.

Que de rencontres, que d'attaques, que de luttes dans les villes, les champs, partout ! Le Compagnonnage aimait les talents, les encourageait, glorifiait les savants ouvriers, était bienfaisant, fraternel pour sa secte particulière, servait les patrons dans leurs entreprises, était d'une extrême utilité ; et, d'autre part, il offrait le tableau d'un immense désordre. Le sang coula sur tous les

_____

(1) On lit dans le *Livre d'or des Métiers* la reproduction d'un ancien document qui accuse violemment le Compagnonnage et les Compagnons. « Les Compagnons, dit-il, déshonorent grandement Dieu, profanant tous les mystères de la religion.» Il est question aussi des nombreuses persécutions qu'ils eurent à endurer.

points de la France. Les magistrats intervenaient, on châtiait des coupables, et néanmoins les batailles recommençaient sans cesse; le fanatisme, aux prises avec le fanatisme, prit des proportions inconnues jusque-là; et chaque année de braves jeunes gens furent moissonnés de la manière la plus déplorable.

Et le peuple, sorti depuis peu de ses longues et sanglantes guerres contre l'étranger, trouvait de telles batailles toutes naturelles. Les gouvernements ne s'en préoccupèrent nullement; l'Eglise fut sans exhortation; les philosophes, les politiques, les moralistes n'écrivirent pas une ligne, pas un mot sur un sujet d'une aussi haute importance. L'indifférence fut générale. Il s'agissait cependant du sang, de la vie d'une multitude de travailleurs.

Le Compagnonnage était très-fort, très-puissant, répandu partout : pas de ville, pas de village, pas de hameau en France qui ne lui envoyât quelque vaillant champion. Il était à son apogée, il paraissait indestructible, éternel, et cependant, bien que je fusse tout jeune encore, je compris que ses fureurs contre lui-même, sa fierté envers les Aspirants, quelques vieilles coutumes d'une extrême originalité lui seraient funestes.

Dès 1826, je composai des chansons dans un but de réforme. En 1837, je publiais la *Rencontre de deux frères*, reproduite dans le *Livre du Compagnonnage* en 1839. On y lit ceci :

« Trêve donc à ces cruelles guerres qu'aucune bonne raison ne peut justifier. Ne voulant point supporter les injustices, commençons par être justes; qu'il ne soit plus dit que les Compagnons en France sont les seuls représentants d'un âge qui n'est plus. La prévention, la jalousie, un certain amour-propre mal entendu, nous ont trop longtemps divisés ; que ce temps soit à jamais passé! Autrefois les hommes de deux religions différentes s'entretuaient sans miséricorde; aujourd'hui l'on peut conserver chacun sa croyance et vivre en bonne intelligence. Agissons de même ; conservons chacun notre attachement à notre société, et de plus rapprochons-nous, cherchons à nous comprendre et aidons-nous les uns les autres autant que nous le pourrons. L'esprit de notre époque n'est pas un esprit de ténèbres et de per-

sécution; c'est un esprit de lumière et de raisonnement;
il faut s'y conformer, il faut ne point rester en arrière,
autrement la jeunesse, instruite et imbue de principes
nouveaux, ne viendrait plus à nous, et nos sociétés,
quoique fortes en ce moment, périraient avant peu, faute
de recrues qui seules les renouvellent et les perpétuent. »

Attaquer les abus du vieux Compagnonnage, condam-
ner ses divisions, ses luttes, ses haines, tout ce qui
était ridicule, tout ce qui était barbare, et vouloir l'en-
traîner dans une voie nouvelle, c'était une entreprise
des plus difficiles et des plus périlleuses. Des Compagnons de sociétés diverses vinrent me serrer la main;
le grand nombre me fut peu favorable, et j'eus à subir
bien des menaces et bien des calomnies. J'étais aux yeux
de beaucoup un homme diabolique, qui ne veut que
ruine et désastres, et je méritais la mort.

Je poursuivis mon œuvre : les Compagnons s'adouci-
rent, les luttes se calmèrent et cessèrent à la fin. Cependant les hommes que je servais ne surent point s'aimer véritablement et opérer de larges et radicales
réformes; ils restèrent en proie à de petites jalousies,
à de mesquines rivalités... L'esprit public s'éloigna
d'eux de plus en plus, et ils ne firent rien de grand pour
le retenir et se le rendre favorable.

En 1823, il y eut à Bordeaux, chez les Compagnons
menuisiers et les Compagnons serruriers du Devoir, des
révoltes d'Aspirants, et la société des *Indépendants* ou
de la *Bienfaisance* se constitua. Cette scission avait
plus de gravité qu'on ne le crut d'abord : c'était une
pierre qui se détachait de la voûte d'un antique édifice;
bien d'autres devaient suivre... les ruines devaient s'ac-
cumuler.

Lorsque j'eus traité, dans le *Livre du Compagnonnage*, des rapports des Compagnons menuisiers du Devoir avec leurs Aspirants, plusieurs membres de cette
société jetèrent les hauts cris, et les pages que j'avais
écrites pour les faire réfléchir et les forcer à un changement de système ne firent que les irriter, et rien ne
fut modifié. Je n'obtins donc pas le résultat que j'avais
eu en vue. Quand ils se plaignaient de moi à moi-même,
je leur disais : « Je n'ai pas voulu vous blesser, mais
vous pousser à une réforme dont vous avez un extrême

besoin, faute de laquelle vous perdrez vos Aspirants, et votre société croulera, malgré sa puissance actuelle. »

Quelques hommes d'élite, et M. Rainaud, dit François le Chambéry, était du nombre, me comprirent et se déclarèrent mes amis ; mais pour un clairvoyant il y avait cent aveugles. Parmi ceux-ci les uns parlaient de leur zèle, de leur dévoûment à l'association, dont ils se croyaient les soutiens éternels, sans penser qu'ils devaient se retirer bientôt et qu'il fallait que de nouvelles générations vinssent les remplacer et les continuer ; les autres me répondaient brutalement, sottement, qu'ils se moquaient des révoltes, et qu'ils avaient trop d'Aspirants. « Attendez quinze ou vingt ans, leur répliquais-je, vous comprendrez alors l'énormité de votre erreur, mais il sera bien tard. »

Après la révolte de 1823 vint celle de 1832, et la société de l'Union, ramassant tous les dissidents du Compagnonnage, se constitua. Elle grossit peu à peu et devint pour le Compagnonnage tout entier une rivale dangereuse.

Il y eut, dans la même société du Devoir, révolte en 1842, révolte en 1844, révolte en 1849-50, révoltes en 1852, en 1853, en 1854, en 1857-58, et à force de déchirements, le colosse a pris les proportions les plus minimes et son avenir devient un problème. Les scissions ont commencé dans ce corps, elles se sont répétées fréquemment, la mode des troubles s'est généralisée, et tous les Compagnonnages ont eu à souffrir.

Il y a maintenant les Compagnons et les antagonistes ardents des Compagnons.

On compte, outre les sociétés de secours mutuels, qui ne voyagent pas et ne s'occupent nullement de procurer du travail à leurs adhérents, cinq ou six sociétés de menuisiers, trois ou quatre sociétés de tailleurs de pierre, plusieurs sociétés de charpentiers, plusieurs de serruriers, plusieurs de cordonniers. Toutes ces divisions produisent la faiblesse, l'indifférence, la froideur, l'impuissance, et même quelque chose de plus fâcheux que tout cela au sein de la classe ouvrière.

Il y a tant de sociétés, ces sociétés sont si faibles à la fin, que l'on ne sait plus à laquelle s'adresser, et que les ouvriers prennent de plus en plus l'habitude de s'isoler, de vivre chacun pour soi; ce qui donne les résultats les plus effrayants.

Nous n'avons plus les haines d'autrefois. Des hommes de cœur, de talent, que je citerai plus loin, ont semé l'esprit de tolérance, de progrès, de fraternité, et l'âme de beaucoup de Compagnons s'en est trouvée agrandie. Les intelligents se rapprochent, voudraient une alliance, même une fusion entre des corps trop longtemps séparés. D'autres ne vont pas si loin ou sont inertes, et l'état de maladie continue en bas. On est sans force et sans élan. De l'indifférence pour les autres on passe à l'oubli de soi-même, de sa propre dignité; on ne pense plus à l'étude, à la science, à l'art, au progrès des métiers.

Les écoles de dessin, de théorie pratique, se ferment, des cabarets, des estaminets s'ouvrent de toutes parts; on aime mieux manier la bouteille, les verres, les tasses, les cartes, que l'équerre, le compas, le crayon, les livres. L'estomac est gavé de liquides malfaisants, pendant qu'on laisse pâtir le cerveau, pour lequel on regrette, pour lequel on pleure toute dépense. A de certains jours, on dirait que l'homme n'est plus homme, et que la vie de l'animal est encore trop relevée pour lui. Plus de poésie, plus d'idéal chez la plupart d'entre eux ! Un affreux abandon, un détestable relâchement. Combien de travailleurs, insensibles aux douleurs de leurs frères, pour lesquels ils sont incapables du moindre sacrifice, se roulent dans la boue, font de leur existence un hideux carnaval, et donnent de toute leur classe la plus déplorable idée ! Est-ce là se montrer les vrais enfants de Dieu et les vrais amis du peuple !...

Si nous continuons d'avancer dans une si funeste voie, où trouverons-nous de savants tailleurs de pierre, de savants charpentiers, de savants menuisiers, et dans quel embarras ne se trouveront pas les entrepreneurs de vastes travaux dans un temps très-rapproché !

Que les ouvriers ne m'en veuillent pas pour les quelques paroles que je prononce ici... Je vois leur inertie, je vois qu'ils ne font pas de leur temps le meilleur emploi possible, je vois qu'ils ne prennent pas la place qui leur convient dans la société des hommes, et je viens les secouer pour les réveiller, les stimuler, les faire avancer et les servir si je le puis.

J'ai dit ce qui m'a frappé et ce qui me désole. Tout n'est pas pour le mieux dans notre société tant vantée, l'on peut m'en croire, car je touche par tous les points à la classe la plus nombreuse, et je vois clair

Tout comme moi et tant d'autres, M. Chovin a vu le mal et a publié le *Conseiller des Compagnons* pour le combattre et l'amoindrir autant qu'il le pourra. Il propose une fusion entre les menuisiers Compagnons du Devoir et les menuisiers Compagnons du Devoir de Liberté, et il attend de sa réalisation le plus puissant, le plus heureux résultat. Je me range très-volontiers à son avis, et je veux le seconder de toutes mes forces.

CHAPITRE SECOND.

MOUVEMENT DE RÉFORME ET RÉPONSE
AUX CRITIQUES.

Après nos longues luttes nous sommes tombés dans l'impopularité : les travailleurs se sont éloignés de nous ; ils vivent dans l'isolement, dans la faiblesse, dépouillés de toute foi. Ils raillent, ils dénigrent le Compagnonnage et pourtant cette antique institution pourrait seule les sauver. Mais avant de sauver les autres, elle a besoin de se mettre à neuf, de se régénérer, de se sauver elle-même. Les Compagnons ne se battent plus, c'est bien, mais c'est trop peu ; il faut qu'ils réforment leurs lois, qu'ils modifient leurs règles, qu'ils simplifient et élargissent le Compagnonnage et qu'ils se fassent aimer.

Oui, les temps de luttes sont passés, et nos divisions n'ont plus de raison d'être... Les formes et les pratiques religieuses ne nous poussent plus les uns contre les autres. Si votre code, Compagnons du devoir, vous dit : Excluez les non-catholiques ; votre conscience vous parle en leur faveur, et plus d'un corps de métier finit par lui obéir. Nous nous sommes détestés, nous nous sommes maudits, les archives des tribunaux attestent nos sanglantes mêlées... Ce temps n'est plus, et nos vieilles haines sont loin de nous. Nous avons mêmes idées, mêmes sentiments, même croyance, mêmes tendances de part et d'autre comme citoyens, et ceux qui furent frères avant la grande scission de 1401 doivent renouer leurs liens de famille, et, de nouveau, ne faire qu'un tous ensemble.

Mais cette reconstitution tant désirée, comment la réaliser ? M. Chovin ne le dit pas. Sans doute il la veut,

il la propose aux Compagnons menuisiers des deux rites
opposés, il en fait sentir les heureuses conséquences ; il
leur prêche la morale ; et je l'approuve en cela ; mais se
place-t-il assez haut pour amener sa réalisation ? Entre-
t-il dans les voies pratiques ? Est-il dans les dispositions
de réformer tout ce qui a vieilli ? Veut-il du neuf, veut-il
du grand, veut-il du sublime la loi de Maître Jacques dût-
elle y laisser une partie d'elle-même ? Peut-on réformer et
ne toucher à rien ! Est-il large, est-il généreux, est-il sympathique envers d'anciens adversaires qu'il veut attirer à
lui et unir aux membres de son association particulière ?
Pense-t-il que les Compagnons du Devoir de Liberté,
comme les siens, ont une volonté, un idéal, et que, étant
régis par un code démocratique qui a subi l'empreinte
des temps nouveaux, ils ne peuvent l'abandonner, se
soumettre à la loi qu'on leur présente, si cette loi ne répond pas à leurs vœux, porte un caractère qui les blesse,
et s'ils doivent reculer au lieu d'avancer ? M. Chovin ne
se préoccupe nullement de toutes ces choses ; et loin de
nous montrer de la sympathie, à moi et aux miens, et d'a-
vancer vers nous en nous tendant une main fraternelle,
il nous glace par sa froideur et par l'expression d'un sentiment qui n'est pas celui que nous voudrions trouver
en lui.

Les menuisiers et serruriers dits les Gavots prennent
la dénomination de *Compagnons du Devoir de Liberté.*
Leurs adversaires des mêmes métiers, dans une pensée
qui manque de largeur, ont toujours affecté de supprimer, en les désignant, le mot *Devoir* ; ainsi ils sont les
Compagnons de Liberté, et non du Devoir de Liberté.
M. Chovin, et avec intention, ne les désigne jamais que
par les termes suivants : *Compagnons de Liberté.* Cependant les Gavots, comme les Étrangers, ont le Devoir,
le vieux Devoir, sans doute revu et corrigé, car ils ont
suivi la marche des temps. Pourquoi donc leur refuser
la qualification qu'il leur plaît de prendre et qu'ils méritent à tous égards ? Je le reconnais, je le proclame bien
haut, le mot *liberté* est plein de force et de grandeur, et
fait parfois des merveilles ; celui qui comprend bien la
liberté comprend aussi le devoir, car l'un implique l'autre. Que serait le droit sans le devoir ? Une folie ; que
serait le devoir s'il n'exigeait impérieusement la reven-

dication d'un droit égal pour tous et la mise en pratique de
tout ce qui est bon, de tout ce qui est juste? Une servi-
tude, une lâcheté; rien de plus. Je comprends donc toute
la grandeur, toute l'étendue du mot *liberté;* et néanmoins je trouve que nous refuser l'usage d'un autre mot
qui, pour beaucoup des miens, forme son complément,
et nous le refuser encore aujourd'hui, au moment même
où l'on fait appel à notre concours, à notre sympathie,
à une fusion, c'est manquer de prudence assurément.
Mais, n'importe, je ne cesserai de crier à mes frères:
élevez-vous au-dessus de toute considération mesquine,
et ne veuillez qu'une seule chose dans la classe travail-
leuse : l'unité et la fraternité !

Autre part M. Chovin parle des chefs-d'œuvre des
Compagnons tailleurs de pierre, charpentiers, menuisiers, serruriers du Devoir, même de ceux de nos amis
les Étrangers, mais il ne dit mot de ceux des Gavots,
qu'il ne doit cependant pas ignorer. Pourquoi élever les
uns au détriment des autres? pourquoi cette partialité
blessante? Vous avez des hommes capables, vous les
louez justement, nous les applaudirons avec vous de
tout notre cœur, mais pourquoi si peu de générosité,
même si peu de justice envers les miens, qui, selon
vous, n'auraient éprouvé que des disgrâces, que des revers, et auxquels seraient toujours échus les rôles les
moins brillants ou, plutôt, les plus humiliants (1)?

(1) Comme il y avait trente-deux corps de Compagnons
de maître Jacques et du Père Soubise, et même plus, contre
trois corps de compagnons de Salomon, les premiers enva-
hirent les villes, les campagnes, se recrutèrent partout,
attirèrent à eux, dénigrèrent leurs adversaires, s'appuyèrent,
se servirent les uns les autres... Est-il un village où ne se
trouve un maréchal, un charron, un bourrelier, un Devoirant
d'un métier quelconque? Le public voyait faire le Devoir,
entendait des chants très-significatifs, et devenait le partisan
de ses hôtes. Un jeune menuisier était travaillé en entrant
en apprentissage ! Etait-il disposé à commencer son Tour de
France ? on le circonvenait, on l'adressait aux menuisiers
du Devoir, on lui persuadait qu'il ne pouvait être bien que
là. Du temps que je travaillais à Lyon, en 1827-28, nous
étions cent dans notre société, les menuisiers de maître
Jacques étaient huit cents. Dans les autres villes le nombre
était partout de leur côté, et ils avaient des adhérents dans

A propos d'une scission dont l'auteur ne connaît ni la date, ni la cause, ni les détails, il les appelle révoltés, et ce mot est répété bien des fois avec une sorte de satisfaction ; à propos d'une bataille qui aurait été livrée dans la plaine de La Crau en 800 de notre ère, il les bat, il les chasse sans miséricorde, appuyant son dire on ne sait sur quel document ; à propos d'un concours qui a produit deux chefs-d'œuvre de menuiserie en 1804, il les déclare vaincus contre toute vérité. Nos serruriers même, sans que son sujet l'y oblige, sont traités sans ménagement. Pourquoi des invectives, des accusations, des fanfaronnades ? à quoi peuvent-elles conduire? Ce n'est pas à la fusion, qui paraît être pourtant l'objet principal du *Conseiller des Compagnons.*

J'ai traité du Compagnonnage il y a longtemps, et j'ai dit tout ce qu'il renfermait de mauvais, tout ce qu'il renfermait de bon, en fidèle historien, avec une entière franchise. Je répandais la lumière, je réchauffais les cœurs, je poussais au progrès de toutes mes forces, et

des milliers de localités où nous n'étions connus que par la mauvaise réputation que nous avaient faite le dénigrement et les chants affreux répandus sur notre compte. Qui ne connaît la chanson *Gavots abominables?*... Est-il un lieu en France où elle n'ait retenti? Pour les populations peu éclairées nous étions encore plus effrayants que les francs-maçons, qui passaient cependant pour avoir fait un pacte avec le diable. L'effet de tant de calomnies tombant à la fois, sur tous les points du territoire, sur une société d'ouvriers laborieux, était écrasant. Attaqués violemment, ils se défendaient de même ; la persécution rend parfois méchants les persécutés, et cela servait d'aliments à d'autres accusations. Néanmoins la société des Compagnons menuisiers du Devoir de Liberté se soutint à travers toutes les luttes et tous les périls. Les anciens avaient voyagé ; les fils allaient continuer leurs pères sur le Tour de France, les apprentis leurs maîtres, quelques ouvriers leurs patrons... La rigueur des lois du camp opposé amenait aussi là des Aspirants qui se faisaient affilier... De la Suisse, des provinces du midi, il leur arrivait du monde... Tous les dissidents du catholicisme ne pouvaient être qu'avec eux... Et voilà comment ils se soutenaient, fiers et glorieux de leurs lois et de leurs principes. Mais affirmons-le parce que c'est vrai, nos adversaires étaient dix et peut-être vingt contre un des nôtres. Si donc ils avaient eu l'avantage sous le

je demandais une reconstitution de nos vieilles et très-
utiles associations.

J'eus à subir des attaques vigoureuses, mais je ren-
contrai aussi, dans toutes les sociétés, des hommes au
cœur chaud, d'une haute intelligence, qui m'accueillirent
avec joie, qui me tendirent la main, et se mirent à
chanter avec moi la paix et la fraternité._

Nommons chez les Compagnons menuisiers du Devoir
de Liberté Nantais Prêt-à-bien-Faire (Desbois), Bour-
guignon-la-Fidélité (Thévenot), les affiliés Bénardeau
et Jacquemin; chez les blanchers-chamoiseurs Vendôme la Clef-des-Cœurs (Piron); chez les toiliers Bien-
Décidé le Briard (Brault); chez les cordonniers Albigeois
l'Ami-des-Arts (Capus), Parisien Bien-Aimé (Lyon),
l'Ile de France la Belle-Conduite (Morin), Provençal le
Bien-Aimé-du-Tour-de-France (Bonnefoy).

Bientôt d'autres poëtes se joignirent à ceux déjà cités,
les lumières s'accrurent, les chants d'union se multiplièrent. Il y eut chez les cordiers l'Estimable le Provençal (Collomp), chez les tailleurs de pierre Étrangers
Joli-Cœur-de-Salernes (Escolle), chez les tailleurs de
pierre Passants La Sagesse de Bordeaux (Sciandro), chez

rapport des hommes d'une haute capacité, il ne faudrait pas
s'en étonner. Mais cet avantage, l'ont-ils réellement? C'est
très contestable. M. Delaunay, l'auteur de l'*Alphabet du
trait*, est un des leurs; mais Dauphiné Sans-Quartier et
Sommières le Dauphin (Pascal), auteurs de la *Science des Artistes*, ou des *Artisans*, sont des nôtres. Ces traités ont un
égal mérite; il y a donc compensation. Les Compagnons du
Devoir ont des chefs-d'œuvre, nous en avons de notre côté.
La chaire de Montpellier est d'une haute valeur. Ils ont de
bons ouvriers, ils citent Champagne, auquel je rends hommage pour ma part, mais il me serait facile de trouver
parmi les nôtres des hommes également remarquables.
Sous le rapport des poëtes les Gavots l'emportent, et cela
tient à leurs institutions plus libérales, inspirant plus d'enthousiasme en haut et en bas. Citons Marseillais Bon-Accord,
Nantais Prêt-à-Bien-Faire, Bourguignon la Fidélité, les
affiliés Bénardeau et Jacquemin, contre lesquels leurs adversaires ne peuvent rien opposer. Puissent donc les deux sociétés de menuisiers, Devoir et Devoir de Liberté, ne pas
repousser la fusion et, tous ensemble, ils feront des mer-
-veilles.

les tailleurs de pierre compagnons de l'Union Joli-Cœur de Darney (Cœurdacier); les chamoiseurs, d'où était déjà partie une si brillante manifestation, nous donnèrent encore Angoumois-le-Courageux (Pissot), Lyonnais-la-Franchise (Bonnet), Nantais l'Ile-d'Amour (Durand); des menuisiers du Devoir de Liberté sortirent l'Angevin-la-Sagesse (Denu), l'Agenais-le-Décidé (Beylard), Suisse Ami-du-Progrès (Munier), Percheron-l'Ami-des-Arts (Huart), Bourguignon-le-Laurier-d'Honneur (Pinard); chez les ferblantiers Guépin-l'Aimable (Dailly) ajouta à tous ses chants encore un chant de paix.

Se firent remarquer chez les tonneliers Nivernais Noble-Cœur (Chabanne); chez les tisseurs ferrandiniers Dauphiné-la-Clef-des-Cœurs (Galibert), Lyonnais-la-Fidélité (Guait), La Fierté-du-Devoir (Faure); chez les tanneurs et corroyeurs Agenais-la-Victoire, chez les charpentiers de Soubise Albigeois-le-Bien-Aimé (Albe), chez les charpentiers de Salomon Deblois-l'Enfant-du-Génie (Eugène-François), chez les cloutiers Bien-Aimé-le-Bordelais (Espagnet), chez les boulangers Libourne-le-Décidé (Arnaud), Rochelais-l'Enfant-Chéri (Journolleau), Provençal l'Enfant-Chéri (Garnier), Agenais la-Fidélité (Chopis); chez les sabotiers Guépin-Cœur-d'Amour (Amand), Agenais l'Urbanité (Vigouroux), Poitevin-Cœur-Sincère (Claveau), Nantais-Beau-Désir, Manseau-l'Ami-du-Droit, Vendéen-Noble-Cœur.

Des cultivateurs même, désirant voir régner la concorde parmi tous les travailleurs, subissent un certain entraînement, et chantent avec nous la fraternité du Compagnonnage. Citons Charles Sergent, de Montbart; Ducros, de la Grange-de-Garay, près la Voulte; Cyprien Fournier, de Morières; Cyprien Boyer, de Espondeilhan.

N'oublions pas non plus Benjamin Lafaye, menuisier à Castillon-sur-Dordogne, qui, malgré qu'il n'ait point fait son Tour de France, chante la régénération et l'avenir du Compagnonnage avec entrain et talent.

Madame George Sand, ce grand écrivain, a aussi pensé à notre réforme, et nous a consacré *le Compagnon du tour de France;* M. Giraud, ancien payeur du Morbihan, a publié des *réflexions philosophiques sur le Compagnonnage;* M. Simon (de Nantes) a donné son

Étude historique sur le Compagnonnage et les sociétés secrètes; M. Charles Vincent a fait représenter sur un théâtre de Paris *l'Enfant du Tour de France.* M. Sciandro et M. Ayguesparse, deux compagnons, l'un tailleur de pierre, l'autre teinturier, ont publié, le premier, *ce que le Compagnonnage a été, ce qu'il est et ce qu'il doit être,* le second le commencement d'une *Histoire du Compagnonnage.* Deux cordonniers, Toulonnais-le-Génie et Albigeois-l'Ami-des-Arts, ont donné chacun un poème : celui-là le *Compagnonnage et l'Indépendance,* celui-ci la *Mort de Mouton Cœur-de-Lion;* les charpentiers de Soubise sont auteurs du *Compagnonnage primitif.* M. Moreau, sociétaire de l'Union, a secoué le Compagnonnage avec une rare vigueur.

MM. Robert (du Var), dans l'*Histoire de la classe ouvrière,* Zaccone, dans l'*Histoire des Sociétés secrètes,* Clavel, dans l'*Histoire de la Franc-Maçonnerie,* Pierre Vinçard, dans les *Ouvriers de Paris,* de Riencey, dans le *Correspondant,* de Lafarelle, dans un *Plan d'organisation industrielle,* Aigron dans le *Livre de l'ouvrier,* Philippe Lebas, dans le *Dictionnaire encyclopédique de l'Histoire de France,* Émile Laurent dans le *Paupérisme et les Sociétés de prévoyance,* et, en outre, dans des écrits divers, MM. Dalloz, Auguste Luchet, Guépin (de Nantes), Cormenin, Louis Blanc, Pierre Dupont, Charles Gilles, J. A. Mancel, Eugène Delahaye, Riche Gardon, Louis Jourdan, et tant d'autres dont les noms m'échappent en ce moment, se sont préoccupés de nos associations et nous ont conseillé les réformes dont nous avons besoin. Des livres, des revues, des journaux nous ont consacré de longs articles... Citons, pour ne parler que de ces deux dernières années, la *Vie humaine,* la *Revue maçonnique,* la *Littérature et les Arts,* le *Constructeur universel,* le *Courrier de Nimes,* le *Journal des Villes et des Campagnes,* le *Siècle,* l'*Opinion Nationale.*

En dehors des poëtes du Compagnonnage, si nombreux et si dévoués, combien d'autres compagnons servent le progrès par leurs lettres, par leurs paroles, par le zèle le plus ardent et le plus louable. Une masse d'hommes se présente en ce moment à mon imagination, il me semble les voir tous, et les noms de quel-

ques-uns tomberont de ma plume : Citons la Vertu-de-
Bordeaux (Pérodeaud), l'Assurance-de-Ludon (Bracassac),
la Fidélité-de-Tournus (Pain), Beau-Désir-le-Gascon,
(Varnier), Vendôme-la-Sagesse (Louvancour), Forézien-
l'Ami-de-l'Intelligence (Victor Vincent), Dauphiné-Bon-
Dessein (Vaganey), Viennois-l'Ami-des-Arts (Plantier),
Dauphiné-Ami-de-la-Sagesse (Moulin), la Fraternité-
de-Grenoble (Duranton), la Franchise-d'Avignon
(Rochetin), la Faveur de Châteaudun (Perrineau),
l'Angoumois-la-Vertu (Belben), la Franchise de Castel-
naudary (Denat), Bédarieux-la-Victoire (Ricateau), Bas-
signy-la-Bonne-Société (Gierkens), Guépin-la-Fidélité
(Berjault), Manseau-Bon-Exemple (Bigot), Chambéry-
Bon-Accord (Joris), Clermont-Sans-Reproche (Massol),
Maconnais-le-Vigoureux (Besson), Beauceron-le-Cœur-
Fidèle (Boyard), Manseau-l'Aimable-Sagesse (Dufour),
Saint-Brieuc Prêt-à-Bien-Faire (Pénault), Épinal-le-Bien-
Aimé (Bigeard), Limousin-Bon-Courage (Entraygues).
Ma pensée ne s'arrête pas là ; je connais l'action, le dé-
vouement des amis Bacqué, Angirany, Balancin, Hour-
quet, Vallat, Monlivier, Bancillon, Giraud, Boureau,
Gaboriau, Besson, Buret, Birot, Guiraud, Sicard,
Moussy, Mayer, Ganguet, Peltier, Gerbillet, Guieu,
Mainvielle, Saussine, Vidal, Giraudon, Romesy, Rous-
set. Malet, Buyé, Lacote, Béjean, Monier, Broussous,
Fouet, Barrès, Savary. Je pense à bien d'autres encore...
C'est dans la suite des *Mémoires d'un compagnon* que
je revivrai avec tant de cœurs dévoués, quelques-unes de
leurs belles et bonnes lettres passeront sous les yeux
de mes lecteurs, et ceux-ci en seront charmés, j'en ai la
certitude.

Grâce aux efforts de tant d'hommes de bien, nous
sommes arrivés sur le terrain de la tolérance, nous en-
trevoyons un jour nouveau, et l'espoir sourit à notre
cœur.

Dans plusieurs villes, et Vienne et Nantes sont du
nombre, les anciens Compagnons de Jacques, de Soubise,
de Salomon, se réunissent en des sociétés de secours
mutuels, ou règnent la concorde et le dévouement. Leur
exemple sera partout suivi, il est d'une immense portée.

A Paris les Compagnons de tous les métiers, de tous
les Devoirs, se font des invitations mutuelles, et les jours

de leurs fêtes patronales ils dansent ensemble et chantent à l'unisson. C'est un triomphe pour la fraternité. Félicitons les Boulangers, les Chamoiseurs, les Couvreurs, les Tailleurs de pierre Étrangers; à eux la gloire des premières invitations à tous les corps (1)! Il faudrait tous les cinq ans, outre les fêtes particulières à chaque métier, et cela dans toutes les villes à la fois, une fête générale de tout le Compagnonnage... Ce serait magnifique!... Ce jour n'est pas très-loin de nous... Et je le prédis avec joie.

Voilà des faits positifs! grands! sublimes! qui ne ressemblent à rien du passé. Le Compagnonnage s'injuriait, se battait; maintenant il se rapproche et fraternise.

Et quels sont ceux, ou celles qui, les premiers, ont fait main-basse sur les vieilles erreurs, sur des crimes séculaires, dessillé les yeux, fait appel à tous les cœurs, à toutes les intelligences, et qui tout à coup ont réveillé des masses d'hommes, les ont poussés à l'examen, à l'action, à la régénération, à la vie, enfin vers quelque chose de nouveau et de souriant?... Eh! mon Dieu! il faut bien que je le dise, ce sont mes modestes publications de 1834, de 1836, de 1837, enfin le *Livre du Compagnonnage* paru en 1839, et divers opuscules qui vinrent à l'appui.

J'ai cité Vendôme-la-Clef-des-Cœurs, le plus célèbre de tous les poëtes du Compagnonnage, et pour lequel tous les Compagnons du Devoir ont une profonde vénération. Veut-on savoir l'accueil que me fit cet homme aimable? Qu'on lise le couplet suivant:

(1) Limousin Bon-Courage (Entraygues), homme intelligent, actif, hardi, dévoué, a beaucoup fait pour les invitations dont je parle ci-dessus. Il était le Premier en Ville des Compagnons boulangers au moment où ce corps en prit l'initiative. Je sais, pour ma part, ce qu'on lui doit d'éloges et de reconnaissance. Les chamoiseurs ont fait également des invitations vraiment en règle. Les tailleurs de pierre Etrangers ont aussi prouvé une grande largeur d'idées. Voir, sur l'une des fêtes les plus remarquables du Compagnonnage, où tous les Devoirs fraternisèrent, le journal *le Siècle*, du 13 décembre 1860 et du 7 janvier 1862.

« O toi qui sur le tour de France
As répandu par tes écrits
Le germe de cette alliance
Qui doit faire un peuple d'amis,
Perdiguier, comme toi j'espère
Pour nos frères des jours meilleurs ;
Tel est du moins le vœu sincère
Que ne cessera point de faire
Vendôme dit La-Clef-des-Cœurs. »

Les paroles que voilà s'adressent à ma personne ; voici un couplet du même auteur, extrait des *Conseils de la raison*, où il est question de mon livre lui-même :

« J'ai lu dans un petit ouvrage,
Tout exprès pour nous composé,
Et par l'auteur intitulé :
Le livre du Compagnonnage,
Oui, j'ai lu, je vous le redis,
De ces paroles la substance :
Désormais que le tour de France
Ne comporte que des amis. »

Reproduisons les paroles que m'adressait Bien-Décidé-le-Briard, compagnon Toilier :

« Ne perdez pas l'espérance ;
Agissez matin et soir.
J'ai dans votre expérience
Déjà mis tout mon espoir ;
Pour seconder votre flamme
Bien-Décidé le Briard
Vous jure sur son âme
De dire avec Panard :
Liberté (*bis*), sur le Tour de France
De nos compagnons protége la sainte alliance,
Et nos cœurs (*bis*), par reconnaissance,
Auront à jamais
Le souvenir de tes bienfaits. »

3.

Un Chamoiseur bien jeune alors, Angoumois-le-Courageux, plongea par la pensée dans l'avenir, et me dédia une chanson dont voici un couplet :

« A tous les corps du beau Compagnonnage
Je viens prédire un avenir heureux ;
O Perdiguier ! ami de ton ouvrage,
Je viens mêler mon espoir à tes vœux.
De ton esprit la plus vive lumière
Sur tous les corps jettera ses rayons ;
A sa clarté on verra, je l'espère,
Le vrai bonheur (*bis*) de tous les Compagnons. »

Albigeois-l'Ami-des-Arts , Compagnon cordonnier, auteur de plusieurs poëmes en vers, comprenant mes peines et mon but, se hâta de m'appuyer ; c'est aux siens, c'est à tous les Compagnons qu'il me recommandait en ces termes :

« Pour jouir désormais
De cette douce paix
Décrite par sa plume
Sans fiel, sans amertume,
De sa bouche de miel
Redites le langage,
Et le Compagnonnage
Sera béni du ciel.

« De vos chers intérêts,
Compagnons du progrès,
Avec persévérance
Sa voix prend la défense ;
Unissons-nous à lui
Pour sa sainte entreprise ;
Celui qui moralise
A besoin d'un appui. »

Voilà comment de braves Compagnons du Devoir, dès 1840-44, sans s'arrêter à quelques erreurs de détails que pouvait renfermer le premier de tous les livres

écrits et publiés sur le Compagnonnage, mais touchés
de l'esprit qui l'avait dicté, du but qu'il voulait atteindre,
vinrent à moi, me donnèrent l'accolade fraternelle, et
joignirent leurs efforts à mes efforts et leurs vœux à
mes vœux. Les plus célèbres chansonniers d'entre les
Compagnons du Devoir de Liberté agirent dans le même
sens. Sans doute, les couplets que je cite me font trop
d'honneur, mais ceux dont ils émanent comprenaient
que j'étais en butte à la calomnie, à la brutalité, que des
projets sinistres se tramaient contre ma personne, que
je souffrais, et ils furent braves et bons. Beaucoup
d'autres poëtes les suivirent dans la même voie. Ne
pouvant faire des reproductions de tous, je renvoie au
Livre du Compagnonnage et au *Chansonnier du Tour
de France*; on les connaîtra là par des œuvres qui les
honorent.

L'élan était donné; tout se réveillait autour de nous,
et, malgré les résistances, les cris et les fureurs du
fanatisme, nous marchions en avant avec ensemble.
Depuis, nous avons parcouru un immense chemin, et
bien des ennemis, frappés par la lumière, sont devenus
nos plus ardents amis.

M. Chovin paraît enfin en l'an mil huit cent soixante.
Il ne manque pas de talent, son style n'est pas sans
couleur, il propose de bonnes choses, qu'il appuie de
bonnes raisons ; mais il a l'âme froide, et tout ce qui
s'est fait avant lui ne le touche nullement. Il veut ce que
j'ai voulu, ce que je veux encore, nous sommes d'accord
pour le fond sur bien des choses... Ce devrait être un
disciple, il se pose en adversaire, presqu'en ennemi.
Voici les premières lignes de son prospectus

« Le fâcheux point de vue sous lequel plusieurs écrivains ont présenté le Compagnonnage, ne reproduisant
de cette utile institution que les choses blâmables, telles
que chansons, rixes, batailles, etc., et l'état de désunion qui règne aujourd'hui parmi nous, m'ont conduit à
publier quelques réflexions que je crois utiles à notre
bien-être et à notre réhabilitation dans l'esprit public. »

C'est le *Livre du Compagnonnage* et son auteur que
veut atteindre François le Dauphiné : il écrit peu de lettres sans me mettre en avant, et il dit là, à qui veut
l'entendre, que le *Conseiller des Compagnons* est une

réponse aux autres ayant traité sur le Compagnonnage, particulièrement à M. Perdiguier, « qui n'a montré que le revers de la médaille. »

Une telle accusation est-elle permise, et l'injustice peut-elle aller plus loin ?

Si le prospectus m'est contraire, si je suis pris à partie dans toute la correspondance de l'auteur, qu'attendre du livre lui-même ? Rien de sympathique assurément.

L'auteur reconnaît que d'autres, avant lui, ont prêché la paix, la concorde aux Compagnons ; il en cite un, un seul, c'est M. Simon, de Nantes, qui n'appartient point au Compagnonnage (1), qui m'a suivi à longue distance, qui s'est inspiré de mes publications, qui m'a reproduit longuement, qui, du reste, m'a rendu justice, même lorsque j'étais dans l'exil, acte de courage, de vertu, auquel je fus très-sensible, et dont tout homme de cœur doit sentir l'immense portée; mais quelle a été la pensée de M. Chovin en m'oubliant à propos des réformes du Compagnonnage, en montrant la même indifférence à l'égard de tant de Compagnons qui se sont dévoués à la même cause? Une telle pensée peut-elle s'avouer, se proclamer bien haut ? Je ne le pense pas.

On peut attaquer un homme par de méchantes paroles, ce qui est mal et fort imprudent; on peut l'attaquer aussi par un silence intentionnel, systématique, par des dénis de justice, en attribuant à autrui le bien dont on lui serait redevable, et ces attaques-là ne sont ni les plus vaillantes ni les plus généreuses.

Si M. Chovin était un rétrograde, s'il voulait éteindre

---

(1) M. Chovin approuve hautement M. Simon ; et cependant comme moi M. Simon reproduit des couplets sanguinaires, parle des batailles des Compagnons plus longuement que je n'ai cru devoir le faire, entre dans des détails de réception que j'ai tus dans mes écrits, parce que la prudence me le commandait... Si l'un est blâmé pour avoir trop parlé, pourquoi l'autre est-il loué bien qu'il ait parlé davantage? M. Chovin connaît ce mystère. Le livre de M. Simon, livre que je recommande à tous mes lecteurs, obtient les éloges de M. Chovin. Qu'il en serait autrement si ce même livre avait été signé de mon nom.

les lumières, s'il voulait nous ramener aux temps féo-
daux, je comprendrais qu'il eût du fiel à mon service...
mais il veut la régénération, il veut le progrès; il le proclame bien haut! pourquoi donc être hostile à celui qui
le premier a voulu rapprocher les Compagnons; qui,
vingt ans avant lui, a traité de la fusion; qui est son
devancier, son prédécesseur, son précurseur et lui a
ouvert la voie?. . Conçoit-on de l'hostilité là où il ne
devrait y avoir que de la cordialité et de l'amitié?

M. Chovin fait appel aux écrivains amis de la classe
ouvrière, leur disant que « nous, pauvres travailleurs
que nous sommes, nous n'avons ni trêve ni repos, et que,
chose malheureuse, l'instruction nous manque. » Il
ajoute : « Nous ne pouvons donc que vous servir de
manœuvres et vous apporter des matériaux (1). »

(1) M. Chovin dit que les Compagnons ne peuvent que servir
de manœuvres et apporter des matériaux aux écrivains amis
de la classe ouvrière; mais, en même temps, il conseille à
ceux-ci la réserve et la modération, les astreignant à produire des romans, des articles de journaux sur le sujet qui
nous occupe, et à s'abstenir de toucher à l'Histoire du Compagnonnage, prétendant que cette dernière ne peut être
écrite que par un Compagnon. Il annonce dans ses lettres, il
dit à qui veut l'entendre, que lui, M. Chovin, est en train
de composer le *Compagnonnage à travers les siècles*. Ce
n'est pas là faire acte de manœuvre, car un tel travail,
élevé avec sagesse, serait un vrai monument et honorerait
son auteur et la classe ouvrière tout entière. Mais si
M. Chovin peut faire autre chose qu'apporter des matériaux,
pourquoi donne-t-il à ses collègues un rôle inférieur, pourquoi ne se place-t-il pas à côté d'eux et dans la même ca-
tégorie? Voilà de quoi je me plains. J'ai dit dans le *Livre
du Compagnonnage*, tome II, page 241, édition de 1857, que
je m'occupais de l'*Ouvrier à travers les siècles, ou Coup
d'œil historique sur le Compagnonnage*, et que ce travail,
déjà commencé, serait publié en son temps. J'ai assemblé,
j'assemble des matériaux, et je les mettrai en œuvre le
mieux que je le pourrai. Nos deux titres se touchent de
près, et nos deux sujets n'en font qu'un... Compagnon du
Devoir, Compagnon du Devoir de Liberté, tâchons de travailler avec une égale ardeur, et puissions-nous, l'un et
l'autre, par des ouvrages utiles, donner un lustre de plus
au Compagnonnage et servir en même temps tous nos
frères les travailleurs.

Voilà à quel rôle M. Chovin nous réduit tous, sans prendre peut-être pour lui-même une position si humiliante.

Que les écrivains dont il invoque l'appui sont bien plus larges, bien plus généreux à notre égard !... Voici comment parle des poètes du Compagnonnage M. Mancel, dans la revue *la Littérature et les Arts*.

« On a fait justice du titre modeste de *chansons* donné par Béranger à ses poésies; on pourrait en faire autant pour les inspirations des poètes du Compagnonnage. On n'y rencontre aucune des licences que la chanson se permet sur les mots et la mesure, ni les folies qu'elle prêche. Le vers est souvent beau ou tout au moins très-régulier; de plus, il est mis au service de bons sentiments, de nobles élans, de belles idées, enfin de tout ce qui appartient à l'hymne ou à l'ode. Ce sont, en effet, des odes en faveur du travail, du progrès et surtout de l'amour pour les autres... Aussi nous empressons-nous d'étudier et de louer ces poésies... Pour citer ce qui est bien dans ce recueil (*le Chansonnier du Tour de France*), il faudrait tout rapporter. Nous tenons néanmoins à dire, encore une fois, quel tour heureux savent donner à leurs idées MM. Galibert, Escolle, Benjamin Lafaye, Arnaud, Collomp , Claveau, Guait, Amand, Chabanne, Ducros, Espagnet, Vigouroux, Manseau, Jacquemin, Sergent, Berne, Morin, Sciandro, Pinard, Chopis, Lyon, Garnier de Bargemont, Fournier, etc.

« Ces extraits, que nous prenons au hasard, peuvent servir de modèles à ceux qui ambitionnent de mettre dans leurs œuvres la fermeté de la pensée et de la phrase, la fraîcheur et la grâce, l'énergie et ses couleurs sombres, les élans de lyrisme, les sentiments exquis. On voit que si les poëtes compagnons ont devant eux une tâche difficile, le talent et l'acquis ne leur font pas défaut pour la mener à bien. »

Reproduire les couplets, ainsi que l'a fait la revue sus-mentionnée, c'eût été trop long, et j'ai cru devoir les supprimer.

M. Léon De Classy, dans le *Journal des Villes et des Campagnes*, consacre un long article au *Chansonnier du Tour de France*: et, comme M. Mancel, fait

l'éloge de nos poëtes, et cite le couplet suivant de Vendôme-la-Clef-des-Cœurs :

    « L'hiver à peine
  Semble s'évanouir,
    Que dans la plaine
  L'on voit tout reverdir.
  J'entends dans leurs chaumières,
  Dire à maintes bergères,
      Avec gaîté :
  L'alouette a chanté. »

« Or, ajoute M. De Classy, comparez ces vers à ceux
des poëtes de profession incompris, et vous verrez qu'il
y a là une inspiration véritable qu'on aurait tort de mé-
priser ou de négliger. »

Le *Courrier du Gard* parle des mêmes chansons, que
j'ai éditées dans une pensée d'utilité générale, et termine par ces mots :

« Puissent-elles se populariser rapidement, soutenir
les forces et la gaîté de l'ouvrier pendant son travail,
et détrôner ces couplets malsains qui trop souvent déshonorent l'atelier, et font pénétrer dans le cœur des
jeunes apprentis les premiers germes du vice. »

M. Riche-Gardon dans *la Vie humaine*, M. Eugène
Delahaye dans *le Constructeur universel*, ont parlé
dans le même sens, et je pourrais étendre bien loin mes
citations.

M. Louis Jourdan, écrivain distingué, disait récem-
ment dans *le Siècle* :

« Est-ce que le devoir diffère selon que l'on est affilié à telle ou telle confrérie? Non, le devoir est un.
Le devoir est de s'entr'aider, de se prêter mutuellement assistance, que l'on soit loup ou dévorant.

« De vaillants cœurs, des esprits droits et fermes, ont
depuis longtemps essayé de faire pénétrer cette grande
vérité parmi les classes ouvrières. Agricol Perdiguier a
consacré sa vie à cette tâche difficile. »

Le même auteur n'a pas oublié davantage M. Chovin,
et il constate qu'il vient, « à son tour, exhorter ses
frères à l'union. »

M. Chovin poursuit ainsi son appel aux écrivains :
« Occupez-vous sérieusement du Compagnonnage, et
faites entrevoir aux Compagnons, mes collègues, qu'il
est de leur devoir de sympathiser ensemble, de ne jamais se quereller de corps d'état à corps d'état, et de
ne pas faire du Compagnonnage une aristocratie qui le
ferait dévier du but qu'il doit atteindre. »

Si le Compagnonnage, même de l'aveu de M. Chovin,
n'est pas encore parfait ; s'il faut que des écrivains, pris
en dehors de lui, viennent lui conseiller, encore aujour-
d'hui, de ne plus se quereller, de s'éloigner du principe
aristocratique, que l'on juge de ce qu'il était lorsque
j'ai commencé mon œuvre de réforme... C'était alors le
temps des luttes sanglantes, des désordres les plus effrayants que nous avons flétris pour les faire disparaî-
tre. Il y a de l'amélioration, un immense changement ;
cependant il reste à faire, et j'approuve l'appel de François-le-Dauphiné en dehors du Compagnonnage... Il n'y
a jamais trop de braves gens au service des meilleures
causes ! Mais s'il est bon de faire appel à de nouveaux
apôtres, s'il est sage d'inspirer de l'intérêt pour nous
aux intelligences supérieures qui jusqu'à ce jour nous
avaient négligés, n'y aurait-il pas convenance, justice à
ne pas méconnaître les efforts de ceux qui paient de
leurs personnes depuis longues années, et ne cessent
de travailler à la régénération ? Des grands noms, des
écrivains distingués, des Compagnons amis du bien, se
sont montrés... Des romans nous concernant ont été publiés, des pièces de théâtre ont été représentées, des
chants d'amour, d'humanité, ont surgi de toutes parts.
Les meilleures productions circulent, pénètrent partout,
extirpent les haines, sèment les idées, font battre les
cœurs, agrandissent les âmes, et ce grand effet n'est
pas un mystère pour les populations des villes et des
campagnes ; elles m'en donnèrent, en 1848, une preuve
éclatante... Quoi ! peut-on être Compagnon et ignorer
que tout le monde sait ? et si on ne l'ignore pas, peut-
on y rester complétement indifférent et le regarder
comme non avenu ?

On croirait que M. Chovin s'éveille après un sommeil
de vingt-cinq ans, qu'il est étranger au travail de tout
un quart de siècle, qu'il ne voit que l'obscurité lorsque

la lumière a pénétré partout, et qu'il a traité, sans information préalable, de choses qu'il croit bien plus en arrière qu'elles ne le sont réellement.

Toutefois, il est au courant de ce qui s'est passé chez les menuisiers du Devoir, il va nous instruire à leur sujet, suivons-le donc ; et, ensuite, répondons.

Nous sommes à Toulouse en 1804. Alors, dit notre auteur, « Compagnons et Aspirants vivaient en commun chez la Mère, sans distinction et dans la même salle. Le plus parfait accord régnait depuis longtemps entre tous ces braves ouvriers, lorsqu'un incident de peu d'importance pour les Aspirants amena la discorde. Voici le fait :

« Les Compagnons de Toulouse, désirant faire courir une décision sur le Tour de France, firent partir deux Compagnons, chargés de porter dans chaque ville de Devoir une lettre contenant la proposition qu'ils faisaient à leurs collègues..... Ils devaient rapporter à Toulouse la décision des Compagnons résidant dans les villes qu'ils allaient parcourir chacun de leur côté.

« Ils arrivèrent à Toulouse, au milieu de leurs collègues, au moment du dîner. La joie fut vive de part et d'autre, mais elle ne tarda pas à faire place à la curiosité. Quelques Compagnons, poussés par ce sentiment, n'attendirent pas le jour de l'assemblée générale et questionnèrent, à l'oreille, les deux messagers sur ce qu'ils avaient vu et appris. Les Aspirants présents s'en aperçurent et se montrèrent mécontents, prenant cela pour un manque de confiance ; ils demandèrent et obtinrent de dîner dans une salle à part. C'est de cette époque que Compagnons et Aspirants vivent séparés. »

Est-ce bien ainsi que les choses se passèrent ? Les Compagnons se parlaient-ils trop à l'oreille, étaient-ils trop mystiques, trop peu confiants envers leurs subordonnés ? Ceux-ci se montrèrent-ils mécontents ? demandèrent-ils, pour ce seul fait, à se séparer des Compagnons et à manger à part ? Soit. Voilà donc les Compagnons et les Aspirants, très-unis, très-d'accord jusque-là, formant deux sociétés dans la société, et vivant en antagonisme. Les preuves de ceci ne seront que trop nombreuses, que trop frappantes, et M. Chovin nous les fournira. Il continue :

« Eh bien ! lecteur, ce que vous venez de lire est historique, et vous ne sauriez croire combien cela a servi
de prétexte pour faire critiquer les Compagnons menuisiers du Devoir. J'aurais voulu éviter de répondre aux
nombreuses attaques qui ont été dirigées contre eux,
mais je me vois dans la nécessité de reproduire un article du *Livre du Compagnonnage*, par M. Perdiguier.
Ce livre ayant servi de point de départ à un grand nombre d'auteurs sur ce sujet si délicat, je vais le reproduire, dis-je, me réservant le droit d'y répondre. »

 M. Chovin reproduit les lignes que voici, extraites du
livre dont je me reconnais l'auteur :

« Dans la société des Compagnons menuisiers du De-
« voir, dit les Dévorants, ou Devoirants (on leur donne
« aussi le surnom de Chiens, commun à tous les De-
« voirants), il y a deux classes bien tranchées ; ce sont,
« comme dans toutes les sociétés se disant de Maître Jac-
« ques, les Compagnons et les Aspirants. Les Compa-
« gnons tiennent assemblée à part, les Aspirants de
« même ; un Compagnon commande l'assemblée des
« Compagnons, le premier Aspirant commande celle des
« Aspirants.

« Les Compagnons pénètrent dans l'assemblée des
« Aspirants, qu'un des leurs préside, et les Aspirants ne
« peuvent entrer dans celle des Compagnons. Les Com-
« pagnons couchent en chambre particulière, mangent
« à des tables où les Aspirants ne peuvent prendre
« place. Les jours de grandes fêtes, ils font festin à part
« et dansent à part. Enfin il y a peu de liaison entre
« ces deux classes. Les uns affectent des airs que les
« autres n'admirent plus. Ce qui le prouve, ce sont les
« discordes qui ont éclaté entre eux dans plusieurs
« grandes villes, et qui ont fait naître la société des ré-
« voltés, société très-nombreuse (1). »

(1) M. Chovin se sert de préférence de mon édition
de 1841, et cependant celle de 1857, qu'il n'ignore pas, est
de beaucoup plus complète. A propos de la société née des
menuisiers du Devoir, société que je n'ai jamais eu la pensée d'offenser, il termine ainsi la citation : « Société très-
nombreuse. » Ajoutez-y, ainsi que le porte la dernière édition : « et qui a fini par se poser d'une manière très-ho-
norable. »

Après la citation que voilà, M. Chovin s'élève contre mon dire avec énergie ; il s'écrie :

« Lorsque l'on fait partie de la société des Compagnons menuisiers du Devoir et qu'on la connaît, on est grandement étonné en lisant les quelques pages que M. Perdiguier a écrites à ce sujet, et c'est d'autant plus étonnant que l'auteur a été Compagnon et pendant six mois à la tête de sa société. »

Ne croirait-on pas que j'ai commis les plus monstrueuses erreurs ? que la société des Compagnons menuisiers du Devoir n'a rien de commun avec le portrait que j'en ai donné ? que je l'ai calomniée, défigurée, et qu'enfin l'auteur va me redresser et rétablir la vérité?... Qu'avais-je donc fait ? Une sorte de photographie, sans l'accompagner d'aucune réflexion, d'aucun commentaire.....
Point de louange ! point de blâme ! nulle attaque contre qui que ce soit : le fait parlant et parlant seul. Mais, me serais-je trompé ? La peinture serait-elle défectueuse ? Les menuisiers du Devoir sont-ils constitués, oui ou non, ainsi que je l'ai exposé ? Laissons encore parler M. Chovin :

« Car si l'on veut que les Compagnons et les Aspirants couchent dans les mêmes chambrées, mangent aux mêmes tables et assistent aux mêmes assemblées, en un mot qu'ils soient mêlés fraternellement et participant tous, par portions égales, aux frais de la société; ce ne sera plus une société de Compagnons que l'on aura, mais bien une société philanthropique et l'abolition du Compagnonnage, car de quelle utilité serait celui-ci avec une organisation semblable ? »

Qu'avais-je dit ? Que Compagnons et Aspirants ne se réunissaient pas dans les mêmes assemblées, qu'ils ne couchaient pas dans les mêmes chambres, qu'ils ne mangeaient pas aux mêmes tables, et j'avais dit cela purement et simplement. M. Chovin prétend que c'est là la bonne méthode, qu'il n'en peut être autrement, qu'il faut maintenir cette démarcation, et que le Compagnonnage périrait avec plus de fraternité. Telle est son idée, peu solide sans doute, car, s'il faut l'en croire lui-même, avant 1804, Compagnons et Aspirants « vivaient en commun chez la mère sans distinction et dans la même salle. » Il ajoute qu'il y avait « parfait accord entre eux. » La fraternité, alors possible, pourrait, je le crois du moins, l'être encore aujourd'hui. L'auteur le nie, et je respecte son opinion, quelle qu'elle soit; mais si je n'ai fait que constater un fait, que M. Chovin constate lui-même, quelle raison a-t-il de me contredire et de s'élever contre moi avec tant de vivacité?

Je n'avais pas critiqué le point fondamental de la société des Compagnons menuisiers du Devoir, je n'avais fait que l'exposer; mais, dans le fond de ma pensée, je lui étais contraire, car il ne pouvait engendrer que de funestes choses. M. Chovin a plongé dans ma pensée, et m'a trouvé coupable; de là son irritation. Bien de ses frères n'ont pas été plus justes à mon égard. Et cependant, pourquoi leur avais-je présenté une sorte de miroir, d'autant plus choquant qu'il était plus fidèle? Pour que la vérité vînt frapper leurs regards; pour les pousser à l'examen, à la réflexion, à un retour sur eux-mêmes, aux réformes dont ils avaient besoin, et les sauver si je le pouvais... Cette pensée n'était pas seulement en faveur des menuisiers, mais de tout le Compagnonnage. J'avais rempli un devoir rigoureux. Au lieu de s'élever à la hauteur d'une mission, de voir que la situation était grave et l'avenir trouble et terrible, beaucoup haussèrent les épaules, affectèrent un sourire moqueur et me payèrent d'ingratitude. Seulement le mal que j'avais prévu ne manqua pas de se réaliser, et les rieurs et les dédaigneux ont fini par pleurer sur leur triste destinée.

M. Chovin poursuit ainsi :

« M. Perdiguier a commis involontairement un grand nombre d'erreurs sur l'organisation et sur ce qui s'est passé dans la société des Compagnons menuisiers du Devoir. Pour ne pas toutes les relever, car cela nous entraînerait dans de trop grands détails, nous allons seulement en reproduire quelques-unes de peu d'importance. »

Comment! il y a un grand nombre d'erreurs? les relever toutes vous prendrait trop de place? Vous n'en réfutez que quelques-unes, et vous choisissez celles de peu d'importance? Ce n'est pas ainsi que l'on procède habituellement : on fait justice des plus choquantes et l'on dit ensuite que tout le reste est à l'avenant. Pourquoi

M. Chovin fait-il à rebours de tout le monde? C'est qu'il a voulu stimuler son lecteur, le pousser à la découverte, et lui donner la gloire de trouver les grosses erreurs qu'il n'avait pu découvrir lui-même. Cette tactique ne manquerait pas d'habileté si l'on s'adressait à des hommes dépourvus de toute réflexion.

M. Chovin ne s'en tient pas là, pousse plus loin la critique, veut me trouver des torts, et, en somme, arrive à la mesquinerie. En principe, j'ai raison, complétement raison.

Le premier Aspirant, me dit-on, ne commande pas sans être accompagné d'un Compagnon. Soit; mais il commande néanmoins, et le fait reste le même.

Les Compagnons, dit-on encore, n'entrent dans l'assemblée des Aspirants que pour serrer la main à d'anciens camarades. Qu'importe! ils y entrent quand ils le veulent, et je suis enchanté que ce ne soit que pour fraterniser avec eux; mais mon dire n'est nullement infirmé.

Un Compagnon, dit le même auteur, ne commande jamais seul l'assemblée des Compagnons. Il ajoute : « Il arrive quelquefois, mais si rarement, que ce n'est pas la peine d'en parler. » J'ai des yeux, et j'ai vu ; mais, dans tous les cas, les paroles que voilà ne détruisent nullement ce que j'ai voulu établir en principe.

Autre affirmation de l'auteur : Il n'est pas possible que les Aspirants entrent dans l'assemblée des Compagnons. Je n'ai pas traité de la possibilité, que j'ai réservée; j'ai constaté un fait, rien de plus. Le fait n'est pas plus nié que niable, et la critique est encore sans objet.

M. Chovin ne s'en tient pas là; il parle des Rouleurs, de bien d'autres choses, et toujours avec aussi peu de bonheur. Ses contradictions manquant partout de corps, de valeur, de solidité, d'importance réelle, sont au-dessous du sujet, et ce serait perdre son temps que de s'y arrêter davantage.

Notre auteur prétend que j'ai voulu aller trop avant dans les sociétés autres que la mienne. Il affirme que la sienne est des plus discrètes, que rien n'en transpire au dehors, qu'on n'en peut rien savoir si l'on n'en est pas membre, « à moins, ajoute-t-il, que quelques mauvais Compagnons ne lui aient révélé quelque chose d'im-

portant. » Cela dit, M. Chovin ajoute ı « Et cela arrive
rarement, pour ne pas dire jamais. » L'auteur accorde,
retire en partie, et voici comment il conclut : « Le re-
négat des Compagnons menuisiers du Devoir, quoique
chassé de la société et déshonoré sur le Tour de France,
a rarement, par esprit de vengeance, trahi ses ser-
ments. »

Rarement! Une fois suffit, et c'est trop... Trouve-t-on
les paroles ci-dessus bien rassurantes pour le Devoir ?
M. Chovin fait-il preuve, en tout cela, d'une bien profonde logique? Ne démontre-t-il pas qu'il peut y avoir
des indiscrets parmi les siens, même des méchants capables de trahir? Fallait-il tant de bruit pour arriver à
une telle conclusion ! Que l'on se garde d'en douter, je
sais débrouiller les sophismes les plus entortillés, et je
vois clair.

Cependant, qu'on le sache, et qu'on ne l'oublie jamais :
je ne cours pas après les secrets, les mystères; je n'ai
point fait de révélations, je n'en ferai point. Donner
l'histoire, décrire les mœurs du Compagnonnage, proposer des améliorations, parler de ce qui se passe dans
la rue, ce n'est pas outrepasser mon droit et mon devoir..... J'aurai de la réserve, mais que M. Chovin se
persuade bien de ceci : c'est que je possède plus de documents qu'il ne peut le supposer..... Il serait ébloui
si je lui montrais tout ce que je tiens en mes mains!...
Néanmoins, il peut accuser mon ignorance, faire le
grand à côté d'un confrère; ces airs-là ne m'imposent
nullement. Je veux servir le Compagnonnage, je le ser-
virai, et je serai discret, autant et plus qu'il ne l'est
lui-même; on peut compter sur ma promesse.

Le Compagnon du Devoir et le Compagnon du Devoir
de Liberté discutent sur des faits, sur des idées; ils
sont d'accord sur quelques points, en opposition sur
quelques autres... Qui a raison? qui a tort? Que ceux
qui veulent nous juger appellent à leur aide la raison
et non la passion, et surtout qu'ils soient de leur
siècle.

A entendre mon contradicteur, donner l'histoire du
Compagnonnage, parler des rixes, des batailles qui l'ont
trop souvent agité; reproduire quelques-unes des chansons qui provoquaient les désordres et les blâmer en

même temps, c'est se placer à un fâcheux point de
vue et porter préjudice à cette antique institution. Il
faut donc, à son avis, que le passé tombe dans le néant,
qu'il n'en soit plus question. Mais si tous les rois, si
tous les empereurs, tous les princes, tous les gouver-
nants, tous les chefs des États avaient eu pareille doctrine, s'ils eussent défendu de parler du passé, de toucher à leurs pères, à leurs aïeux, à leurs prédécesseurs :
s'il eût été défendu de peindre le crime et d'en inspirer
l'horreur, maintenant nous serions sans histoire, sans
science, sans connaissances, sans arts, sans littérature,
les ténèbres nous envelopperaient, et la société serait
encore à l'état de barbarie. Si nous voulons l'histoire
des nations, pourquoi pas celle de nos associations ? Si
nous voulons que l'on flétrisse les crimes du grand
monde, pourquoi ne flétririons-nous pas tout ce qui
s'est fait de mauvais chez nous, nous autres travailleurs ? Il faut de la philosophie, l'esprit de justice, vouloir la lumière, la vérité partout, et des faits du passé,
quels qu'ils soient, tirer des enseignements utiles pour
le présent et l'avenir. Quoi ! vous voudriez des annales
véridiques, même rigoureuses pour les monarques,
pour leurs familles, et sur notre compte tout ce qui est
mal devrait être caché !... un silence absolu devrait le
couvrir !... Loin de nous toute pensée d'inégalité...
N'ayons pas deux poids, n'ayons pas deux mesures pour
juger des choses de ce monde, et si nous avons mal fait,
ne craignons pas d'en convenir, et surtout de nous cor-
riger.

CHAPITRE TROISIÈME.

MENUISIERS DU DEVOIR ET MENUISIERS DU DEVOIR DE LIBERTÉ.

J'ai donné dans le *Livre du Compagnonnage*, en peu de mots, la manière d'être des Compagnons et Aspirants menuisiers du Devoir, et constaté l'absence de sympathie entre ces deux classes. M. Chovin me fait la guerre, et ensuite il développe, il complète le tableau dont je n'avais donné qu'une sorte de croquis. Oui, il fait l'histoire des Aspirants, et en même temps celle des Compagnons de sa société. Cette histoire est des plus tristes, des plus déchirantes, des plus lamentables. Que n'aurait pas dit François-le-Dauphiné si son propre récit était tombé de ma plume?... Suivons-le, que ses révélations éclairent mes lecteurs, et ne cessons de méditer sur les actions des hommes.

RÉVOLTE D'ASPIRANTS menuisiers et serruriers à Bordeaux, en 1823. Commencement de la société des *Indépendants*, qui se répand sur toute la France.

RÉVOLTE DES ASPIRANTS menuisiers, à Bordeaux, en 1832. Là se forme la société de l'*Union*, par la réunion des anciens aux nouveaux dissidents.

RÉVOLTE DE 1842. « Depuis l'événement que nous avons rapporté, dit M. Chovin, et qui se passait en 1832, un esprit de révolte fermentait parmi les Aspirants menuisiers du Devoir. » Ils voulaient être indépendants. Les Compagnons de Marseille autorisèrent. « Ce fut le signal d'un bouleversement général sur tout le Tour de France » (Chovin). « On en vient aux coups, poursuit le

même auteur, et dans plusieurs villes, comme Toulouse,
où les Compagnons se trouvaient en minorité, ils durent
payer de leur personne... Les Compagnons charpentiers venant en aide à leurs collègues les menuisiers,
ces derniers purent prendre leur revanche et faire payer
cher aux Aspirants leur fâcheuse étourderie... La révolte
s'opéra sur tout le Tour de France. De 1,500 Aspirants
qu'il y avait à peu près, un *cent* seulement resta fidèle
aux Compagnons. » Les Aspirants formèrent la société
dite des *Petits mystères*, et plus tard celle des *Indépendants*.

RÉVOLTE 1849-50. Elle commença à Marseille, se re-
pandit dans les autres villes. « En se révoltant et faisant
société à part, dit M. Chovin, les Aspirants de 1849-50
furent aussi exigeants que ceux de 1842. De même que
ces derniers, ils voulaient emporter avec eux tout ce qui
appartenait à la société, et entre autres la caisse des
Aspirants..... Les Compagnons s'y opposèrent avec raison..... Croyant positivement être dans leur droit et
ignorant que les révoltés de 42 avaient attaqué les compagnons et avaient perdu leur procès, ceux de 1849-50
suivirent leur exemple et traduisirent les Compagnons
devant les tribunaux..... Lorsqu'ils eurent perdu leur
procès, ces Aspirants se constituèrent en société dite
de *Bienfaisance*, et prirent le nom de *Bienfaisants*.»

RÉVOLTE A MARSEILLE EN 1852. Les Aspirants se re-
tirèrent au nombre de cent.

RÉVOLTE A BORDEAUX EN 1853. « Une foule immense,
dit M. Chovin, se précipitait en masse dans la salle des
Compagnons pour enlever la boîte dans laquelle se trouvaient les cartes de départ; mais ceux-ci firent bonne
contenance, et quoiqu'en très-petit nombre comparati-
vement aux Aspirants et à leurs associés (les Bienfaisants), ils parvinrent à les repousser dans l'escalier et
à défendre l'entrée de la salle. Il n'y eut de part et d'autre que quelques coups sans gravité. » Il partit beaucoup
d'Aspirants et la Mère éprouva de grandes pertes. « Ce
grand nombre d'honnêtes Aspirants alla se confondre
dans les rangs des Bienfaisants et dans ceux de la société de l'Union. » (Chovin.)

RÉVOLTE DE 1854. « Vers la fin de 1854, dit M. Chovin, tous les Aspirants du Tour de France se montrèrent

disposés à faire un soulèvement général. Pour qui et pourquoi? Toujours pour avoir à leur disposition cette malheureuse caisse, cause de tant de révoltes. » Les Aspirants furent « libres de faire Mère à part. » (Chovin.) Ils firent eux-mêmes un règlement, que les Compagnons acceptèrent. C'était faire deux sociétés complétement séparées. « Ce règlement, dit M. Chovin, fut accepté par les Compagnons qui y apposèrent leur cachet sur la demande des Aspirants. »

Révolte de Marseille en 1857-58. Un Compagnon, un Aspirant chez la Mère se prennent de querelle. Compagnons et Aspirants chacun de soutenir le leur. Les Compagnons trop faibles requièrent l'appui des Compagnons Forgerons. « Ils arrivèrent chez la Mère, dit M. Chovin, et se mirent de la partie; à chaque instant il arrivait des Compagnons et des Aspirants qui ne savaient ce que cela voulait dire, ces derniers venant de faire la petite promenade du soir et rentrant pour se reposer des fatigues du jour. Ce qu'il y eut de regrettable, c'est que des Aspirants inoffensifs revenant ainsi, et n'étant pas connus des Compagnons forgerons, les Compagnons menuisiers ne purent distinguer si ces Aspirants venaient du dehors ou du dedans; de là vint que ces derniers reçurent quelques coups sans gravité, il est vrai, mais qu'ils ne méritaient pas. » Enfin les Aspirants furent vaincus. M. Chovin ajoute : « Cette malheureuse affaire de Marseille échauffa les esprits, et partout sur le Tour de France les Aspirants quittèrent les Compagnons et voulurent emporter avec eux la caisse, comme l'avaient voulu faire leurs prédécesseurs de 1842 et de 1849; les Compagnons s'y opposèrent et ce furent de nouveaux procès que les Aspirants provoquèrent et qu'ils furent condamnés à payer... Les Aspirants de 1857-58 formèrent une nouvelle société, ne voulant pas se confondre dans celle de l'Union et montrant un vif désir de conserver le nom d'Aspirants; mais ce n'était plus possible du moment qu'ils n'étaient plus avec les Compagnons et qu'ils n'aspiraient plus au Compagnonnage... Mais jusqu'à présent les membres de cette dernière société se sont toujours appelés du nom d'Aspirants. »

Que dit M. Chovin dans son Prospectus? Que ceux qui jusqu'à ce jour ont écrit sur le Compagnonnage se sont placés à un fâcheux point de vue, ne montrant de cette utile institution que les choses blâmables, telles que chansons, rixes, batailles, etc. Que voit-on dans les lignes ci-dessus, brève analyse du *Conseiller des Compagnons ?* Rixes, batailles, révoltes, procès, déchirements..., et tout cela se passe au sein de la même société ; c'est l'anarchie, le désordre, la décomposition, quelque chose de monstrueux..., et c'est François-le-Dauphiné qui l'étale sous nos yeux. Nous étions coupables ! il nous condamnait ! Que l'on juge en ce cas de son innocence ! Ah ! monsieur, soyez moins rigoureux à l'avenir.....

Après avoir traité des Compagnons menuisiers dans les départements, M. Chovin traite des mêmes Compagnons dans la ville de Paris.

Il nous les présente d'abord faisant Mère rue du Petit-Carreau. Les Aspirants révoltés de 1842 y arrivent comme d'habitude. Les Compagnons s'en formalisent et se retirent.

Ils élisent domicile rue Neuve-St-Denis, nº 30, chez M. Rainaud, l'un de leurs confrères les plus dévoués. Laissons parler M. Chovin : « Cordonniers, ferblantiers, Compagnons Gavots et toutes sortes d'ouvriers plus ou moins honnêtes, furent admis chez lui, mangeant pêle-mêle avec les Compagnons et les Aspirants. » Ce contact déplut aux Compagnons menuisiers, et ils s'éloignèrent de cette maison.

Les voilà rue et hôtel Grenétat, chez un des leurs. M. Chovin dit : « Les révoltés de 1857 sont la cause que les Compagnons n'y sont plus depuis 1859. » Où sont-ils maintenant ? Notre auteur ne le dit pas.

Résumons-nous. Distinction de classe ; droits inégaux ; Compagnons et Aspirants séparés à table, au lit, au travail, dans les assemblées, dans les écoles de dessin, aux festins des fêtes patronales ; ce qui engendre la hauteur d'un côté, la jalousie de l'autre, des haines mutuelles ; et, enfin : révoltes, batailles, procès, scissions, décadence et affaissement de la société mère. A Toulouse les Compagnons menuisiers appellent à leur aide les Compagnons charpentiers, et, tous ensemble, tombent sur les pauvres Aspirants ; à Marseille, ils appellent les Compagnons forgerons ; c'est avec leur concours, et dans une lutte aveugle, où l'innocent est frappé comme le coupable, qu'ils triomphent de leurs subordonnés, triomphe douloureux, dont les suites seront terribles aux vainqueurs... Que dire de tels actes? Ne sont-ils pas le fait d'un gouvernement impopulaire, en lutte avec son peuple, recevant l'appui des cohortes étrangères? Que font de plus les souverains despotiques aux prises avec leurs malheureux sujets? Est-ce que le roi de Naples, est-ce que d'autres princes sont chassés de leurs trônes pour avoir trop bien gouverné? Ils le croiront, ils le diront, ils l'affirmeront, car les gouvernements paternels, qui tiennent les masses en tutelle, qui les énervent, les démoralisent, ont toujours les paroles les plus douces, qu'ils associent aux traitements les plus rigoureux. Étudiez leurs lois, leurs pénalités, et vous verrez que je n'exagère rien.

Le langage de M. Chovin est des plus monarchiques, sans qu'il s'en doute ; pour lui les chefs sont toujours de petits saints et les sujets de vrais démons. Les Aspirants ne peuvent avoir raison une seule fois, les Compagnons sont infaillibles. Que je plaindrais le peuple si l'on écrivait son histoire dans de telles idées, avec de tels principes, avec si peu de philosophie.

Pourquoi quittez-vous la rue du Petit-Carreau, puis la rue Neuve-St-Denis, ensuite la rue Grenétat? Parce que les Aspirants révoltés vous débordent, parce que vous ne voulez pas vous mêler et sympathiser avec les autres ouvriers, qui vous paraissent plus ou moins honnêtes, que vous ne considérez pas comme frères, et qui sont pourtant vos égaux. Vous les accusez; vous insinuez qu'ils manquent de probité, et, chose singulière ! lorsque vous dites aux Pères, aux Mères : Choisissez ! nous ou les autres; ils vous répondent : Vous pouvez vous en aller. Pourquoi, bien qu'ils vous estiment, bien que vous soyez honnêtes, ne vous préfèrent-ils pas à ceux pour lesquels vous avez trop de dédain? Parce qu'ils veulent employer leurs locaux, parce qu'ils sont obligés de compter avec leurs intérêts, avec les éventualités du commerce, et qu'ils ne peuvent satisfaire à de trop grandes exigences. Peuvent-ils vous donner des salles à part si vous n'êtes que quelques-uns? Peuvent-ils ne recevoir que vous si vous ne pouvez les faire vivre? Ce n'est donc pas contre les Pères et Mères

qu'il faut récriminer; il faut s'examiner soi-même, avec
un regard profond, et se demander ceci : Ai-je toujours
raison? Une voix sortira de votre conscience, et vous
entendrez ces mots : Soyez plus humbles .

Que votre passé était magnifique, Compagnons menuisiers du Devoir! que votre société était grande et puissante : vous étiez populaires dans la France entière :
les femmes, les enfants, les vieillards, la vaillante jeunesse, tout vous connaissait... ils vous aimaient jusqu'au
fanatisme. Vous receviez des recrues, des prosélytes ardents des villes, des villages, des hameaux, des fermes
isolées, de partout; le paysan même s'était fait votre
disciple... Les troubles éclatèrent à la fin, vous perdîtes
du monde..... Vos vides étaient sans cesse comblés et
vos pertes sans cesse réparées. Vous sembliez être éternels... Vos yeux refusèrent de s'ouvrir, et rien ne put
vous émouvoir. Mais à la suite de tant de révoltes, de
tant de défections, ceux que vous aviez froissés ont
formé de nouvelles sociétés, ont voyagé, ont touché à
tous les points de notre sol, ont poussé des plaintes
amères, vous ont dénoncés, critiqués, calomniés peut-être,
et à la fin votre prestige s'est évanoui. Alors les hommes
qui partirent pour voyager n'eurent plus la même foi,
se partagèrent, se répandirent dans cinq ou six sociétés
différentes. Il vous arrive désormais peu de monde; et,
chose fâcheuse! vos aspirants actifs sont séparés de
vous. Le tronc est d'un côté, les racines sont de l'autre.
Peut-on vivre dans une telle situation? Il faut se rapprocher, se reconstituer; il en est plus que temps :
hâtez-vous donc.

Menuisiers du Devoir, daignez-vous pencher un instant de notre côté, et que votre oreille nous entende.

Jetez un regard sur nos trente dernières années.....
Que d'orages vous avez traversés, laissant partout un
morceau de vous-mêmes!.... Combien de sociétés sont
sorties de la vôtre : et ces sociétés, qu'ont-elles formé?
Le protestantisme du Compagnonnage, le maudissant,
ne rêvant qu'à sa chute, qu'à sa destruction, et agissant
en conséquence. Tant de haine peut-elle naître sans
cause? Je ne le pense pas.

Toutes les sociétés Compagnonnales, de Jacques, de

Soubise, de Salomon, travaillant la pierre, le bois, les métaux ou toute autre matière, ont le droit, menuisiers du Devoir, d'examiner toutes vos luttes, toutes vos révolutions, toutes vos guerres civiles, les formidables protestations qui se sont dressées devant vous, devant eux, de se plaindre des contre-coups très-violents qu'elles en ont ressentis, dont elles souffrent chaque jour davantage, et de vous demander des comptes. Quels funestes exemples! quelle plaie profonde! quelle terrible situation!... Cependant tout peut se relever, s'améliorer, mais il faut avoir l'esprit pénétrant, l'âme forte, et ne pas remettre à demain ce qu'on peut faire aujourd'hui. Du courage donc.

Cette très-grande question qui nous occupe en ce moment et que nous voulons résoudre, M. Chovin la comprend-il réellement? Laissons-le parler et remarquons bien que c'est aux siens, aux siens seuls qu'il adresse ces mots :

« Mes amis, c'est avec vous principalement que je Anox m'entretenir de cette union, car c'est de vous seuls bu'elle dépend, vos collègues n'ayant pas les mêmes motifs pour la refuser. »

Et pourquoi n'ont-ils pas les mêmes motifs ? Est-ce que les deux sociétés ne sont pas indépendantes, égales, dignes du même respect et de la même considération ? M. Chovin poursuit ainsi :

« Nous pensons que ce qui se fait chez les Compagnons de Liberté ne pourrait pas se faire chez les Compagnons menuisiers du Devoir. »

Et ensuite :

« M. Perdiguier nous dit qu'il existe de bien bonnes choses dans cette société (celle des Compagnons de Liberté), nous sommes loin de vouloir le lui contester, mais nous sommes loin aussi de conseiller à nos collègues les Compagnons du Devoir de prendre pour modèle celle que nous venons de citer. »

Que veut donc M. Chovin? en toute occasion il jette une pierre aux Compagnons de ma société, aux Gavots, qui ont su se maintenir pendant des siècles à travers les plus rudes épreuves. Il récrimine ; les principes d'inégalité paraissent lui sourire, et, en même temps, il demande la fusion et l'unité... Est-il conséquent en cela ?

Comprend-il qu'on ne peut instituer de bonnes sociétés qu'avec de bonnes lois? qu'il faut à de grands maux de grands remèdes? et, surtout, savoir tenir compte de l'esprit des temps où nous sommes?

On ne veut rien prendre chez les Compagnons du Devoir de Liberté! on croit les avoir sans faire aucune concession à leurs idées, sans réaliser aucun progrès, aucune amélioration, sans faire un pas à leur rencontre! c'est pousser bien loin la naïveté ou la présomption. Et cependant cette société pour laquelle je porte la parole en ce moment ne mérite pas un tel dédain; je le prouverai tout à l'heure.

Chez les menuisiers du Devoir on sait quelle est la situation des Compagnons et des Aspirants; et s'il faut juger d'une institution, comme d'un arbre, par ses fruits, celle-ci ayant produit des révoltes, des procès, des ennemis formidables à tout le Compagnonnage, fruits des plus amers! et, en outre, d'une société robuste, vigoureuse, colossale, ayant fait quelque chose d'une faiblesse extrême (1), ne doit-on pas convenir qu'il est temps d'en-

(1) « Ceux qui ne connaissent pas la société des Compagnons menuisiers du Devoir doivent se demander comment il se fait qu'après tant de révoltes successives et un démembrement pareil, elle existe encore. C'est que cette société a été jadis la plus florissante et la plus nombreuse partout. Les Compagnons menuisiers du Devoir se sont toujours distingués des autres corps d'états, soit par leur mise ou leur propreté et la fermeté qu'ils ont dans leurs décisions... Cette société a été tellement en renom que ce serait ne pas la connaître que de croire à sa fin prochaine. Nous avons l'espoir de la voir triompher de toutes ces malheureuses secousses et reconquérir sa grande popularité d'autrefois. » (Chovin.)

« Autrefois, il se faisait des réceptions de quinze et quelquefois de vingt Compagnons dans les principales villes du Tour de France, tandis qu'aujourd'hui à peine si vous pouvez en recevoir trois ou quatre. Tout cela conduirait la société à sa perte et affaiblirait le Compagnonnage si votre zèle se ralentissait et si vous ne formiez pas cette belle union que j'appelle de toutes mes forces et qui est si utile à tous les travailleurs. » (Chovin.) Et ces réceptions si belles, on les renouvelait trois ou quatre fois par an, et cela dans toutes les villes. Il y a refroidissement, décadence; et M. Chovin le constate; mais pour relever ce qui s'affaisse, que

trer dans les réformes, et d'accomplir une radicale transformation?

Qu'on le remarque, je n'accuse pas les hommes, je m'en prends aux points culminants de l'institution, et ce sont les faits qui les condamnent.

Un autre exemple des plus frappants.

Les charpentiers de Maître Soubise ont perdu des Renards, qui ont formé un Compagnonnage à côté du leur; les Tailleurs de pierre Étrangers ont perdu de Jeunes-Hommes, les cordonniers du Devoir, les boulangers du Devoir ont perdu des Aspirants. De ces trois sociétés, sont nés les Compagnons de l'Union, les Sociétaires ou Margageats, les Sociétaires ou Rendurcis, les Indépendants, qui ont conservé, sous des dénominations diverses, l'esprit, et les formes du Compagnonnage. Ce qui est sorti des menuisiers du Devoir, aigri jusqu'à la fureur, a établi une société sans dogmes, sans mystères, maudissant le Compagnonnage, et lui faisant une guerre à mort. Ailleurs on brisait avec le personnel, avec un groupe, et non avec le mode d'association; ici l'on repousse l'un et l'autre avec une égale animosité. Que l'on cherche le motif de semblables effets... Menuisiers du Devoir, examinez et réfléchissez.

Éloignons-nous de tout entêtement, et que l'expérience et la raison nous éclairent; sans quoi, pas de remèdes à nos maux.

La société des menuisiers du Devoir de Liberté, dont on a parlé avec peu d'égard, mérite d'attirer l'attention et d'être connue dans ses hauts principes et ses moindres détails... Oui, les Gavots possèdent une organisation supérieure,... et tellement avancée, tellement perfectionnée, que la plupart de ceux même qui en jouissent ne peuvent en comprendre toute la sublimité. Mais pour ne pas me livrer à un exposé aride et fatigant, je vais raconter le Tour de France d'un jeune ouvrier au sein de cette société, et l'on jugera de l'institution par son fonctionnement même et les bienfaits qui en ressortent. Compagnons de toutes sociétés, hommes de toutes les classes et conditions, jeunes gens qui aimez les voyages

---

faire? Autrement que l'on a fait depuis longues années, sans quoi, point de salut.

et voulez vous instruire, suivez-moi ; que votre pensée se joigne à ma pensée, et méditons ensemble (1).

Je suis ouvrier et tout jeune encore : je veux m'instruire, voir les diverses manières de travailler dans toutes les villes de France. Je quitte mes parents, mon village, je me mets en route ; j'arrive dans une grande ville, sans expérience, sans le sou, pauvre en talent. Je demande la Mère des Compagnons de ma partie ; je suis renseigné, et m'y voilà. Le Premier Compagnon, le Rouleur me font accueil. Cependant un seul eût suffi. La bouteille d'arrivant est apportée, elle doit rester au compte de la société, qui donne à tous la bienvenue. On choque les verres. Des questions me sont adressées. On veut savoir si je comprends la mutualité parmi les hommes. On m'apprend qu'il y a plusieurs sociétés, on m'éclaire sur elles sans calomnies pour aucune ; et mon choix ne subit aucune influence, aucune contrainte. Si je consens à rester où je suis et que mes paroles n'aient pas révélé un mauvais cœur, j'ai tout d'abord du travail, un lit, et du crédit pour boire et manger. L'hôte devient mon Père, l'hôtesse ma Mère, les enfants et les domestiques des hôteliers sont mes Frères et mes Sœurs, tous les membres de la société sont mes pays, mes amis et mes bons camarades.

L'ouvrier n'a pas à se chercher du travail lui-même, c'est la société qui le lui procure. Le Rouleur me conduit chez le patron qui doit m'occuper. Celui-ci, nous voyant arriver, vient au devant de nous. Nous nous plaçons tous trois triangulairement, debout, chapeau bas, car l'ouvrier doit du respect au maître, et le maître doit du respect à l'ouvrier. Rien de bon comme les bons procédés ! Le patron met cinq francs dans la main du

(1) Je vais faire fonctionner la loi, l'institution des Compagnons du Devoir de Liberté. Cependant je dois le déclarer, beaucoup de choses sont communes à d'autres associations, et parfois à tout le Compagnonnage... Mais il en est de particulières, de spéciales, ne concernant que la société dont je vais m'occuper ici. J'invite les Compagnons de tous les métiers, de tous les Devoirs, à offrir, chacun chez soi, des tableaux de même nature que le mien. Rien de tel pour faire comprendre nos différentes manières d'être et l'excellence du Compagnonnage.

Rouleur qui me les présente en disant : Voilà ce que le bourgeois vous avance; j'espère que vous le gagnerez. Je réponds affirmativement, et j'ajoute que j'en gagnerai bien davantage. Voilà un lien dont le Rouleur et la société restent garants. Cette cérémonie d'embauchage est la même pour le Compagnon et le non-Compagnon (1). Le maître reçoit un ouvrier dans son atelier sans savoir quel rang il occupe dans sa société. Il doit le payer en raison de son travail, sans autre considération. Tous ordres sont mêlés dans les mêmes ateliers; il va sans dire que les travaux les plus difficiles sont confiés aux plus capables de s'en tirer avec gloire. Le mérite seul obtient la préférence. Nous nous mêlons aux mêmes tables, dans les mêmes chambres, dans les mêmes écoles, et, enfin, dans les mêmes assemblées, du. moment qu'elles nous concernent tous. Il est vrai que les compagnons entrent les premiers, et sortent les derniers. Mais nous versons nos cotisations mensuelles les uns devant les autres; nos frais sont les mêmes, nos profits les mêmes; les comptes sont clairs pour tout le monde; un Premier Affilié est nommé pour les contrôler. Ceux qui murmureraient pour ces minimes versements de 1 fr. à 1 fr. 50 par mois, c'est qu'ils sont des aveugles, des égoïstes, indignes d'appartenir à une société, et qu'ils devraient aller vivre au fond des bois. Les Compagnons ont plus de charges, plus de pertes de temps, mais ils sont nos aînés, et ils doivent se dévouer pour leurs jeunes frères... Nous serons chefs à notre tour, et le bien que l'on a répandu sur nous, nous le répandrons sur d'autres; ainsi doit se perpétuer et marcher la société.

On nous commande l'assemblée mensuelle; Compa-

(1) Autrefois les ouvriers étaient nourris chez les patrons. Le Rouleur, pour faire un embauchage, devait se déranger. Après avoir rempli sa tâche, celui qu'il venait de placer lui payait un léger repas chez la Mère, et ensuite il retournait à son travail. Il n'en était que de son tiers de jour. Cet usage s'est maintenu jusqu'à ces derniers temps. À la fin il y a eu des modifications; maintenant le Rouleur ne reçoit ni repas ni argent; tout son service est gratuit, et je trouve cette générosité bien lourde à un simple ouvrier. Puisse la reconnaissance parler au cœur des obligés.

gnons et Affiliés nous faisons la guilbrette avec le Rouleur... Demain, à l'heure dite, nous serons chez la Mère, tous proprement vêtus... Ceci est obligatoire.

C'est le dimanche ; les Compagnons montent en chambre, les Affiliés ensuite. Je reste seul en bas. Le Rouleur vient, me prend par la main ; nous sommes au premier. Il frappe trois coups à une porte, qui s'ouvre à l'instant... Je suis introduit... Tous les Compagnons, tous les Affiliés sont là, debout, têtes nues, silencieux, formés en cercle, en bon ordre, ceux-là parés de leurs couleurs, le secrétaire de ses rubans à frange d'or, l'élu de tous de sa magnifique écharpe... Je suis ébloui, ému, plein de trouble... On me fait faire un circuit autour d'une table-bureau ; et ce n'est pas sans intention. Je dois savoir à qui je m'allie, et chacun doit aussi connaître mon visage... Si j'avais de fâcheux antécédents, et qu'un seul me reconnût, quelle ne serait pas ma honte?... C'est au Premier Compagnon, à celui qu'on appelait jadis Capitaine, que le Rouleur me présente en disant : Voilà un jeune homme qui demande à faire partie de la société. Le chef me questionne, écoute mes réponses, m'apprend qu'il y a deux sociétés de Compagnons, également bonnes, et que si je m'étais trompé je pourrais me retirer. Je réponds que c'est bien à la société des Compagnons menuisiers du Devoir de Liberté, dit les Gavots, que je veux appartenir. Le secrétaire, sur l'ordre du premier, me fait lecture du règlement, en appuyant sur chaque article. Je sais quels doivent être mes droits et mes obligations. Ceci me frappe surtout : il n'y a qu'un règlement, Compagnons et Affiliés, jeunes et vieux y sont également soumis. Le chef seul est doublement puni s'il ose l'enfreindre, et moi, comme tout autre, je puis le prendre en défaut. Nous devons tous nous dire vous, nous porter du respect, ne point toper, ne point répondre à qui nous toperait, et éviter les querelles.

La lecture achevée, le chef me demande si je puis me soumettre à ce que je viens d'entendre... sans quoi je suis encore libre de me retirer. Je réponds que tout cela me convient et que je respecterai la règle. Le Rouleur me conduit à mon rang ; je suis le plus nouveau dans la société, je dois occuper la dernière place.

Je veux partir, voyager, voir du pays ; le Rouleur me ramène chez le patron. Nous sommes encore chapeau bas, comme pour l'embauchage. Toujours du respect, toujours des formes polies ! Le Rouleur demande au patron si je ne dois rien, si j'ai fait mon devoir. Il répond oui. On m'adresse les mêmes questions, et le maître, quelque riche, quelque puissant qu'il soit, ne s'en formalise nullement... Il y a égalité dans nos rapports, et nous suivons, sans efforts, nos vieilles habitudes. Ma réponse est en faveur de celui que je quitte. Il est constaté que chacun a fait son devoir et l'acquit est levé. Que de fraudes, que de friponneries on évite par de telles précautions.

Le soir, assemblée chez la Mère à mon sujet. Le chef me fait placer à sa gauche. Je suis le Partant, et seul je garde mon chapeau sur ma tête pendant que tous les autres sont découverts. Je descends avec le Rouleur chez la Mère ; mon acquit est levé. Nous remontons, je reprends ma place. Il est constaté que je ne dois rien en bas. Le chef me dit : Si quelqu'un ici présent vous est redevable, faites vos réclamations ; l'instant d'après il s'adresse à toute la société, chacun est libre de se plaindre si j'ai des torts à son égard. Nous sommes tous quittes et bons amis. Tous les Partants, Compagnons et Affiliés, passent par les mêmes formalités. Je suis en règle et je reçois de la société un papier qui le constate et me recommande au premier Compagnon de la ville où je vais.

La société me doit la bouteille de Partant, et, après cela, chaque ami met volontiers sa poche à contribution pour prolonger un peu la fête. Nous choquons les verres ; les chants fraternels retentissent ; cela donne de la force et de l'élan. C'est l'instant de la séparation. J'embrasse Père, Mère, Sœurs, Frères, Amis, et me voilà en marche. Quelques-uns des plus intimes, et le rouleur avec eux, m'accompagnent au loin sur la route. Les embrassades recommencent. Nous nous quittons ; nous nous reverrons plus tard.

Ma société m'avait dit : Ne tope pas ; mais ce langage n'était pas partout de mode, et bien de terribles aventures eurent pour scènes les grands chemins de la France.

J'arrive à destination. Comme au lieu d'où je viens, ce sont encore des Pères, des Mères, des Amis. L'on m'accueille, l'on me fait fête. Il m'est demandé des nouvelles de celui-ci, de celui-là; chacun me questionne, et je satisfais, autant que je le puis, à tous leurs désirs (1). Nous allons promener par la ville, nous visitons les monuments, nous causons de travail, de mœurs, de tout ce qui peut m'intéresser et m'éclairer. Je suis embauché, j'ai du crédit, et j'en use si je le veux.

Après un séjour modéré, nouveau voyage. Partout de l'accueil, partout des poignées de main, partout des embrassades, de vigoureux baisers.

Je parcours plusieurs villes; je quitte des frères, d'autres frères m'attendent plus loin. Me voilà fixé pour un temps. En prenant nos repas chez la Mère nous parlons de travail, et si quelqu'un se trouve embarrassé

(1) Quand nous arrivons dans une ville les chefs de la société nous accueillent, nous reconnaissent, et tout finit là. Les autres membres de la société peuvent nous adresser des questions auxquelles nous répondons purement et simplement, comme on le ferait en dehors du Compagnonnage. Chez les Compagnons du Devoir chaque sociétaire adresse à l'arrivant des questions convenues d'avance, c'est une sorte de topage familier, auquel celui-ci doit répondre avec méthode, et questionner à son tour, sans quoi son interlocuteur se trouverait blessé, et lui dirait certainement : Vous n'en savez pas plus long? Lorsque des Compagnons du Devoir, dans un bal ou ailleurs, ont affaire à des Compagnons du Devoir de Liberté, et, dans les pensées les meilleures, leur adressent les paroles consacrées, si ceux-ci répondent et ne questionnent pas à leur tour, qu'ils n'en soient point formalisés. C'est que les miens ignorent complétement le fond et les formes du topage, et que s'ils faisaient de la peine à quelqu'un dans de certains cas, ce serait vraiment sans en avoir la volonté, et même sans en avoir conscience. J'ai cru devoir donner les détails que voilà parce que l'expérience m'a démontré leur utilité. Autre avertissement. Les Compagnons du Devoir de Liberté se disent vous entre eux ; s'il arrivait qu'un Compagnon du Devoir, dans une réunion où tout se mêle et se confond, vînt les tutoyer, qu'ils se gardent bien de s'en formaliser ; c'est un témoignage d'amitié et de fraternité qu'ils en reçoivent, et une franche expression du cœur doit toujours être accueillie avec reconnaissance.

5

sur un point difficile, divers bons conseils lui arrivent à
la fois. Nous sortons ainsi de toutes les difficultés.
Combien sont puissants les hommes réunis, lorsqu'ils
savent s'entendre et qu'une grande pensée réside dans
leur âme. Nous goûtons les paroles de Lyonnais l'Ami
du Trait, de Vivarais le Chapiteau, de Comtois le Corin-
thien ; elles nous instruisent et nous moralisent. Dans
l'école de dessin, je travaille à côté des vieux Compagnons, je déploie une extrême activité, et je fais de rapides progrès dans ma partie.

J'ai compris la hiérarchie, la discipline, la subordination, et, en même temps, la dignité de l'homme libre
et non querelleur et taquin. Je me soumets au devoir,
à la loi, au règlement ; je comprends la déférence envers
mes anciens, mais j'exige les égards que le compagnon
doit à l'affilié... et si ces égards étaient foulés aux
pieds, sans m'emporter, sans fuir jamais ma société,
dont j'approuve les règles, je me plaindrais en pleine
assemblée, et justice me serait rendue. Un premier Compagnon même, accusé par un tout jeune homme, est,
quand il a tort, courbé sous le joug de la loi.

J'ai acquis de l'expérience, de l'art, de la science ; j'ai
travaillé, j'ai dessiné ; je suis bon coupeur de bois ;
j'unis la pratique à la théorie ; je suis ouvrier... On me
reçoit Compagnon. Je porte un surnom, une canne, des
couleurs, et j'en suis émerveillé : c'est la récompense
de mes travaux, on paie mon mérite par de la gloire. Je
ferai davantage si je le puis.

Je ne rétrograde pas, je conserve ma simplicité, ma
probité, mon dévoûment à ma société.. On est heureux
de m'avoir reçu ; me voilà fini... Je plonge plus avant
dans la connaissance de la loi, j'en fais une étude atten-
tive ; je sais tout ce qu'elle exige de mon activité. Ainsi
qu'on s'est dévoué pour moi, je dois me dévouer pour
les autres. Affiliés ! soyons toujours frères.

Pour appuyer sa main sur une canne, pour faire flotter les couleurs à son côté, il faut être vêtu avec convenance et n'être pas sans dignité. Il faut aussi, à mesure
que nous nous élevons dans la hiérarchie sociale, que
notre âme s'élève, dans les mêmes proportions, dans la
région des idées morales et philosophiques ; il faut qu'elle
atteigne jusqu'à Dieu, qu'elle plane sur tout ce qui nous

entoure, et que nous le servions avec sagesse et discernement. Nous obéissions sans bassesse et sans envie, commandons sans arrogance et sans lâcheté.

Si je voyage beaucoup, si je travaille dans un grand nombre de villes, si je rends des services, si j'aide ma société à conquérir de nouvelles stations, à s'asseoir, à se consolider sur des points divers, avantageux à son développement, si j'étends, par mon concours, la sphère de son travail, de son activité, de son existence, j'acquiers un privilége d'ancienneté, mon âge a marché tout à coup et je suis des premiers opinants dans les assemblées de mes frères.

Il est des sociétés dans lesquelles on gagne, en passant dans telle ville une faveur rose, dans telle autre, une verte, dans telle autre, une violette, dans telle autre, une lilas; et leur nombre s'accroît toujours. Ce sont encore des primes d'encouragement. Le Compagnonnage a tout prévu pour exciter au voyage, au travail, au savoir, à la sagesse.

Je poursuis mon Tour de France. Me voilà secrétaire. Je rédige les comptes rendus, les procès-verbaux, les correspondances de la société; je tiens les registres, j'aligne des chiffres, ce qui donne le résultat suivant : mes pensées se groupent avec plus d'ordre, ma plume court sur le papier avec moins de difficultés, mon style s'améliore. Voilà le bénéfice de ma fonction.

J'avance encore sur la route du Tour de France.

J'ai su obéir, j'ai su remplir mon devoir comme Affilié, comme Compagnon ; j'ai travaillé pour acquérir des connaissances ; les causes justes m'ont toujours trouvé prêt à les défendre ; je suis entouré d'une certaine considération, et mes avis ne sont pas sans effet. Une grande fête arrive. Nous sommes en assemblée pour le renouvellement du premier Compagnon. Ceux qui ont déjà occupé la première place parmi nous font choix, se conformant à l'usage, et après avoir entendu toutes les réclamations des Compagnons finis, de trois candidats, au nombre desquels je me trouve, malgré que j'eusse demandé qu'il n'en fût rien, car, comme tant d'autres en pareil cas, j'avais parlé contre ma propre candidature ; et, au reste, il me semblait que j'étais trop jeune, que d'autres avaient plus de titres que moi à cette haute fonction.

L'instant du vote arrive. Compagnons, Affiliés, de
prendre des petits carrés de papier déposés sur des tables, d'écrire dessus le nom qu'ils préfèrent, de jeter
tous ces papiers pliés dans un chapeau, urne populaire.
On se met à l'œuvre pour le dépouillement. Un Affilié,
un Compagnon reçu, un Compagnon fini, lisent successivement le même bulletin. Après les avoir tous lus et divisés en trois parts, on les compte ; le candidat qui en
réunit le plus, l'emporte sur les autres. C'est ainsi que
je devins le chef, l'élu de la société. Le nouveau premier Compagnon se donne un secrétaire de son choix, et
s'il ne convenait pas ou déméritait, la société se hâterait
de lui en donner un de sa main.

C'est après l'élection qu'il faut entendre les bans, les
applaudissements en faveur du nouveau chef, en faveur
de l'ancien, en faveur des secrétaires, du Père, de la
Mère, de toute la société. Quels beaux jours ! Oh ! comme les formes démocratiques donnent du cœur, de la
vie, de l'élan aux hommes !...

Jour de Noël, jour de sainte Anne, fêtes des menuisiers, il y a cérémonie religieuse, ensuite banquet et
bal. Affiliés, Compagnons, tous se mêlent, tous fraterni-
sent, tous sont heureux, et patrons et patronnes viennent
prendre part à leur bonheur.

Il faut des fêtes pour exciter à la propreté, confondre
un peu les rangs, et réchauffer les âmes et les cœurs.
Les chants ont une grande puissance, ils inspirent l'enthousiasme et ont une action incroyable dans la vie du
Compagnonnage.

e fus initié au Troisième Ordre, je pris le titre de digni-
taire. L'abolition de cet ordre fut prononcée en 1843, à
Marseille, par les députés du Tour de France. Il y eut
troubles. Je cru devoir me conformer à la volonté de la
société, à qui il appartient de modifier sa loi comme elle
l'entend. Ce n'est pas ici le lieu de parler d'une scission
extrêmement fâcheuse. Je reste, je resterai un dévoué
compagnon.

Je préside les réunions, je suis en rapport avec les
maîtres, j'ordonne les embauchages, les levages d'acquit ; je fais commander les assemblées, je m'occupe des
arrivants, des partants ; parfois je rétablis l'harmonie
entre patrons et ouvriers. Personne ne doit rester inoc-

cupé, et c'est à moi de placer tout le monde... Les peines que je me donne sont infinies. Je surveille la correspondance et je seconde le secrétaire au besoin. Les malades reçoivent mes soins, mes visites. Je veille sur la conduite, sur la moralité, sur la probité de chacun. Je loue, je blâme, j'encourage, je conseille, j'excite à l'étude, j'élève le sentiment autant que je le puis..., et je sens que je fais du bien. Quelle haute et belle fonction ! Mais aussi, je porte l'écharpe ; c'est ma décoration; ce sera ma récompense ; elle me suivra partout comme une relique, et me rappellera les plus doux souvenirs.

On part, on est Affilié, puis Compagnon reçu, ensuite Compagnon fini. On devient secrétaire, on devient premier Compagnon, l'élu de tous.

Le premier Compagnon, le secrétaire, le rouleur, les quatre plus anciens compagnons, et dans toutes les villes de Devoir il en est de même, forment le bureau, le comité directeur, une sorte de pouvoir exécutif. Leur réunion prend pour titre : L'ASSEMBLÉE DES QUATRE ANCIENS. Ce sont eux qui font les ouvertures des lettres, qui veillent à la marche des choses journalières, et décident des affaires peu importantes. Chaque mois ils soumettent leurs actes à la sanction de l'assemblée générale.

S'il y a des complications, si le comité directeur, et avec lui tous les COMPAGNONS FINIS, n'ont pu résoudre une question ; s'il y a brouille, désordre parmi les jeunes compagnons, alors on en appelle à l'ASSEMBLÉE DES QUATRE ANCIENS MAITRES. Ces maîtres sont de vieux Compagnons, ayant fait leur Tour de France, ayant occupé les hauts emplois de la société, établis dans la ville, ayant de l'instruction, de la sagesse, de la notoriété, et revêtus, par la société elle-même, d'un mandat supérieur et modérateur. Ces hommes, dont on connaît la capacité, viennent répandre la lumière, leur esprit, leurs graves conseils sur les jeunes gens, qui les ont appelés au moment d'une crise, et leur intervention est fréquemment heureuse.

Si l'assemblée mentionnée ci-dessus n'avait pas eu de résultat satisfaisant, on appellerait, en suprême conseil, TOUS LES COMPAGNONS DE LA VILLE, jeunes et vieux, établis ou non, pauvres ou riches, mariés ou garçons ; et là une décision serait prise.

Si elle ne pouvait être mise à exécution, si les troubles continuaient, on s'adresserait, en dernier ressort, au Tour de France tout entier. Les quinze villes de Devoir seraient consultées, chacune d'elles donnerait son avis et son vote, et la majorité trancherait la question. Si la ville où il y a du trouble ne se soumettait pas, on enverrait des Compagnons des villes les plus voisines ; on expulserait les hommes qui se révoltent contre la loi, et la société reprendrait son calme et sa marche habituelle.

Peut-on trouver une organisation plus démocratique, et, en même temps, plus simple, plus forte, plus savante et plus conservatrice ?

Si je fais bien, on m'élève, on me décore de faveurs, de la pompeuse écharpe, je suis considéré ; si je fais mal, si je pars sournoisement, lâchement, laissant d'ignobles dettes, je suis qualifié de brûleur. On répand mon histoire, mon signalement sur le Tour de France, et je ne puis plus paraître nulle part sans être montré du doigt. On peut cependant se réhabiliter par un retour au bien et l'amende honorable. Le voleur reçoit sa dégradation dans la conduite de Grenoble et est chassé sans retour. On excite chacun à faire son devoir, à se bien comporter, à s'instruire, à ne nuire à personne, à conserver son âme et son cœur. Que de lettres écrites sur le Tour de France dans l'intérêt des mœurs, de l'ordre, de la probité, de la moralité ; que de missives pour contraindre celui-là à payer son tailleur, celui-ci son boulanger, cet autre son aubergiste. Les gouvernements, sans s'en douter, ont de puissants auxiliaires dans ce nombre infini de modestes associations de travailleurs. Combien d'hommes elles préservent du mal, que de bien elles réalisent dans la France entière... elles méritent la reconnaissance générale.

Il est une foule de bonnes choses communes à toutes les sociétés du Compagnonnage, dont il sera parlé plus loin.

Mon règne de six mois est-il terminé ? je renferme mon écharpe dans un coffret ; mes couleurs viennent de nouveau flotter à ma boutonnière ; un autre préside ; je reprends mon rang, avec quelques mois d'ancienneté en plus. Il n'est rien qui ne soit calculé et ne pousse à bien dans l'association.

Mes comptes sont réglés, mon acquit est levé chez la Mère et ailleurs.

Je pars. On me fait la conduite en règle. Nous marchons en colonne. Les couleurs flottent au vent, nos cannes battent la mesure; nos chants de travail et de marche éveillent les échos. Que d'honneurs on me rend! que d'amitié l'on me témoigne! C'est que je suis l'élu de tous, c'est que j'ai rendu des services, et que mes frères ne sont pas ingrats. En me rétribuant si largement, ils s'assurent de zélés serviteurs dans l'avenir.

Autrefois, au départ de plusieurs Compagnons ayant atteint un certain degré de mérite, on marchait au bruit des tambours, au son des musiques... et la société tout entière se livrait à une grande expansion. Il faut de ces jours-là aux hommes pour les tenir en éveil, pour leur faire comprendre qu'ils sont bien vivants, maintenir leur foi, leur élan, leur enthousiasme, et les rendre capables de sacrifices... Cependant on a supprimé de trop grands frais, et la fraternité va toujours son train.

Je poursuis mon voyage. Partout de l'amitié, de la cordialité.

J'arrive à la dernière ville de mon Tour de France; je me dispose à me retirer dans mes foyers. Mes frères me donnent un congé, ou diplôme, planche magnifique, ornée de dessins, revêtue de signatures, des sceaux de la société, appelée : CERTIFICAT D'HONNEUR. C'est dans une assemblée nombreuse, en grande cérémonie, que je reçois ce dernier titre, qui me libère et m'attache encore à mes frères. J'ai fait un acte de remercîment. Je m'éloigne, l'on m'accompagne; nous nous embrassons; nous nous quittons avec douleur. Mais nos pensées ne cesseront de se faire visite, nous nous verrons, nous nous entretiendrons par elles, et nous serons toujours amis et frères.

Les Compagnons du Devoir de Liberté m'ont pris par la main au sortir de l'enfance, m'ont dirigé, m'ont soutenu pendant un long et fructueux voyage, et me ramènent grandi et fortifié à mon point de départ.

Dans mon pays mes dessins, mes modèles, mes couleurs, mon écharpe, ma canne, mon Certificat d'Honneur dans son magnifique cadre me parlent sans cesse du Tour de France, auquel je les dois; ils parlent aussi au cœur de mes concitoyens, et leur disent que je n'ai point été paresseux, que j'ai travaillé, que je me suis bien conduit, et me valent leurs sympathies et leur considération.

Voilà un Tour de France, qui est le mien, ou celui de tout autre, et qui fait ressortir les lois d'une société et les avantages du Compagnonnage. Je pourrais ici me résumer, rapprocher les faits saillants. Je laisse ce soin au lecteur.

Cependant constatons ceci, et que tout penseur y arrête fortement son attention : cannes pacifiques, point de cris, point de topage ; aucune manifestation capable de choquer l'esprit public; tolérance religieuse; admission au rang de Compagnon du protestant, du juif, du mahométan, de tout ouvrier capable, quels que soient son culte et son pays; bons rapports des Compagnons et des Affiliés; élection du chef par tous les associés; une sage démocratie; des forces conservatrices ; une savante organisation ; une puissante unité ; et des cérémonies que je dois passer sous silence et dont je puis garantir le charme et la poésie. Ne voilà-t-il pas du sublime ! Ce n'est pas sans cause que les menuisiers de Salomon ont fourni tant de poëtes au Tour de France.

Dire qu'on ne veut rien prendre dans cet arsenal de bonnes choses, n'est-ce pas proclamer que l'on veut suivre des lois et des usages périmés en France, qu'on est antipathique à toute réforme radicale, et qu'on n'est pas à la hauteur de la mission dont on a voulu se charger? Puisse M. Chovin s'inspirer de sentiments plus larges, et pousser en avant et non en arrière.

CHAPITRE QUATRIÈME.

RÉORGANISATION DU COMPAGNONNAGE.

Je n'ai pas voulu établir de parallèle entre l'organisation des menuisiers du Devoir, et celle des menuisiers du Devoir de Liberté. Les différences sont saillantes, et chacun pourra se livrer à son appréciation. Poursuivons notre tâche.

Ici nous ne sommes pas sur un point purement moral, sur lequel tout le monde est facilement d'accord, et que l'on traite parfois avec des banalités, mais sur un point constitutif, d'organisation, de loi positive, et nous ne pouvons vaincre les difficultés qu'en les abordant franchement et vigoureusement.

Compagnons menuisiers du Devoir, voulez-vous la fusion ? Il faut la concevoir large, entière, complète. A propos des Aspirants il ne faut plus récriminer, il ne faut plus prétendre qu'ils ont toujours eu tort, et que vous avez toujours raison. Votre histoire, malgré l'art de son auteur, est profondément affligeante.

Compagnons du Devoir, vos Aspirants sont vos frères, il faut les traiter fraternellement. Vous avez beau dire que vous le faites, que vous avez pour eux des soins de pères ; cela n'est pas, car un père ne refuse pas de manger avec son fils, un maître avec son élève... Ils ne craignent pas de se trouver dans la même chambre, d'assister au même festin, de travailler dans le même atelier. Chez vous il en est autrement.

Quoi ! s'isoler ! repousser l'Aspirant ! ne vouloir point se lier avec lui !... S'il vient s'asseoir à votre table lui dire : va-t'en. Mais ne comprenez-vous pas le danger d'une telle conduite ? Non-seulement elle éloigne l'As-

4.

pirant, le fait votre ennemi, mais encore elle agit sur
vous-mêmes, et des habitudes fâcheuses sont contractées là pour toute la vie, et alors on vous donne les épi-
thètes les plus dures.

J'ai été jeune, j'ai voyagé, mais si un ouvrier, un compagnon, un travailleur comme moi, mangeant chez la
Mère, dans une salle d'auberge, m'eût dit : Cette table
est la table des Compagnons, tu es trop peu de chose,
tu es indigne d'y prendre place, éloigne-toi. De telles
paroles, prononcées par l'un de mes égaux, m'eussent
profondément blessé, et je n'eusse pu rester dans une
société où le supérieur traite ainsi le jeune homme qui
cherche à s'instruire et à s'élever.

Ne dirait-on pas qu'il y a deux races dans la classe
ouvrière en France, que l'une est douée de tous les mérites, et que l'autre manque de toute aptitude aux choses élevées?

Quoi ! la conversation manque de grandeur, de dignité
dans la salle des Aspirants ; là tout est commun, vulgaire, grotesque, trivial ; et quand on a passé de leur
pièce dans celle des Compagons, on se trouve comme
dans un nouveau monde (1). Mais, Compagnons, pourquoi vous isolez-vous ? Restez avec les Aspirants,
buvez, mangez avec eux, votre présence leur fera du
bien, les relèvera. Mêlez-vous, soyez leurs frères, soyez
leurs conseillers, ayez pour eux de l'amour, de la solli-
citude. A table, en chambrées, au travail, partout, ins-
truisez-les, moralisez-les, faites-les profiter de votre expérience, de votre savoir, de vos exemples. En élevant
les autres on s'élève soi-même. Plus nous répandons des
lumières, plus nous en découvrons ; nous aimons, on
nous aime, et nous profitons largement de tout le bien
que nous faisons à notre prochain.

Mais la hauteur, mais la fierté d'un côté engendrent
la haine, les sentiments hostiles de l'autre. A-t-on

(1) « Par sa réception dans le Compagnonnage, l'Aspirant se trouve transporté dans un nouveau monde où les
habitudes, le raisonnement et la tenue, ne sont plus les mêmes que ceux des Aspirants... L'Aspirant est étonné et
même surpris d'un si grand changement. Les Aspirants ne
tiennent habituellement que le langage de la jeunesse, ne
pensant qu'aux plaisirs, aux jeux, à la danse. » (Chovin.)

voulu d'un respect exagéré, une soumission d'esclave,
avons-nous fait mépris des foules au lieu de les servir ?
Notre cœur s'altère, se corrompt ; notre âme perd toute
véritable grandeur ; notre esprit se nourrit d'illusions,
de rêves chimériques ; nous devenons hautains, altiers,
froids, dédaigneux. Nous nous croyons sottement supérieurs à tout ce qui nous entoure. Nous aimons notre
caste, notre secte, nous nous aimons nous-mêmes, nous
foulerions volontiers sous nos pieds tout le reste. Les
habitudes orgueilleuses, anti-fraternelles contractées
ainsi dès l'âge le plus tendre, nous suivent jusqu'à la
tombe. On reste prince, prince ridicule, et non peuple.

Et pensez-vous qu'un homme formé de la sorte pourra sentir, exprimer de grandes choses, devenir poëte,
chanter largement la fraternité ? Ne le croyez pas. Il est
entouré de préjugés qui le paralysent, ont brisé son
élan, et le tiendront, tant qu'il vivra, pressé, garrotté
comme des liens de fer. Il n'a plus l'élévation et l'aspiration de l'homme libre. Il est déchu, et il doit ce malheur à l'action fatale de principes pernicieux. La loi
qui fait des esclaves fait aussi des tyrans, et non des
hommes vraiment hommes, dignes de se présenter devant la face de Dieu.

Tous les êtres cependant ne s'étiolent pas sous les
mêmes influences ; il en est qui restent purs, qui restent
grands quand même : rien ne peut les souiller et les
amoindrir. A eux de s'armer d'un double et triple courage, de faire efforts sur efforts, de secouer, d'arracher
du sol tout germe vicieux, et de dresser l'arbre de la loi
de justice, aux ombres tutélaires, sous lequel les nouvelles générations doivent pousser, se développer, et
trouver le bonheur.

Non, non, plus de dédain.

Nous voulons de la décence, de la convenance, de la
dignité, mais nous voulons aussi de l'égalité et de la
fraternité. Compagnons, acquérez la science, et puis
répandez-la sur les Aspirants. Soyez grands, soyez distingués, non par des airs empesés et des moyens factices,
mais par le bien que vous faites et la considération qui
en est la conséquence. Les Aspirants vous remplaceront,
vous leur aurez ouvert une voie nouvelle, ils seront à

leur tour ce que vous êtes, et nous arriverons aux plus heureuses conséquences (1).

Nous avons assez moralisé, touchons au positif.

Que faire pour arriver à la fusion?

Je l'ai dit il y a vingt ans dans le *livre du compagnonnage*, tome II, page 266, et je vais me répéter ici en substance ; il faudra que les députés choisis par les Compagnons du Devoir et ceux choisis par les Compagnons du Devoir de Liberté se réunissent. Ces hommes formuleront le nouveau code, et les deux sociétés se fondront en une

(1) Le caractère dominant du Compagnon menuisier du Devoir, c'est la fierté. De là les plaintes des Aspirants, les scissions dont nous avons rendu compte, et la décadence d'une société si puissante il y a trente ans. Cependant il y a de nombreuses exceptions : J'ai connu, je connais parmi eux des hommes d'un grand mérite et d'une grande simplicité. Un des leurs, M. Olivier, de Monaco, a été mon professeur de dessin, et le maître et l'élève étaient liés comme deux frères. Beaucoup de mes camarades, également Compagnons du Devoir de Liberté, ont comme moi fréquenté son école. Je puis citer, parmi ceux-ci, Grand-Jean, de Macon, Giraudon, d'Orgon ; Séverac, de Toulouse, menuisiers d'un grand savoir et d'une haute réputation.

Voici un fait bien frappant et bien éloquent:

Un jour partit de Gap, un sac sur le dos, un bâton à la main, un tout jeune homme, menuisier de son état. Il arrive dans une ville du Tour de France où il se fait embaucher. Devient Aspirant, plus tard Compagnon du Devoir. Il voyage de ville en ville, arrive dans la capitale, s'y fixe, s'y marie, y forme un établissement. Il devient l'un des plus grands fabricants de meubles et fauteuils de Paris, et enfin le plus riche et le plus puissant. Il est plusieurs fois millionnaire, obtient la croix de la Légion d'honneur, préside le conseil des prud'hommes, et ce qui met le comble à sa gloire, c'est qu'il sut toujours rester simple et bon, qu'il se glorifia toujours d'être Compagnon du Devoir, qu'il conserva ses relations d'amitié avec ses collègues du Tour de France que la fortune avait le moins favorisés, et que les ouvriers qu'il occupait par centaines dans ses vastes ateliers ne cessèrent de se louer de son esprit de justice et de ses bons procédés. Avoir été pauvre, devenir excessivement riche, conserver sa simplicité, aimer toujours ses camarades de voyage, de travail, de misère... c'est du sublime!.. Est-il une plus belle gloire ? Inclinons-nous devant de telles exceptions parmi les hommes, et proclamons leurs noms.

seule. Mais avant d'en venir là, tout doit être examiné, tout doit être discuté. Il faut donc que chaque compagnon, que chaque homme de bonne volonté émette son avis, ses vues de réformes, de reconstitution ; qu'il dise ce qu'il croit utile, ce qu'il croit bon. Appelons à notre aide la profonde discussion, et que de ses heurtements sortent la lumière et la vérité. Tout ce qui doit composer la loi nouvelle doit d'abord être reçu dans nos esprits et dans nos cœurs, sans quoi nos délégués pourraient se réunir et se séparer sans avoir rien conclu, ou conclure sans avoir satisfait les deux partis et sans que les deux socié-

C'est de M. Jenselme que je parle ici, c'est sur cet homme de bien que j'appelle toute l'attention de mes lecteurs.

Il était plein de pensées d'avenir.

Vient chez moi Étienne Auguste, dit Lorrain l'Amour-du-Travail, Compagnon menuisier du Devoir de Liberté, travaillant chez l'heureux Compagnon du Devoir dont je viens de parler. Le patron l'a chargé de venir faire l'acquisition *du Livre du Compagnonnage*, qu'il veut étudier, qu'il veut méditer, et ensuite s'entendre avec son auteur en faveur de la fusion. Il doit me faire visite très-prochainement. J'étais heureux d'avoir à presser la main de ce brave homme et de me lier à lui dans un but d'utilité générale. Je comptais les jours, mes pensées allaient fréquemment à sa rencontre. Je reçois une lettre à filets noirs... Je suis saisi d'étonnement, et je n'attends plus personne ; c'est à moi d'aller à lui, et de me joindre au lugubre cortége. M. Jenselme m'avait fait parler le 4 novembre 1860, il cessait de vivre le 11 du même mois, nous le mettions en terre le 13 à 4 heure. Je vis là Lorrain l'Amour-du-Travail, il me dit: C'est après-demain jeudi que nous devions aller vous voir et parler avec vous de réformes et de progrès... Le patron s'en faisait une fête.

M. Jenselme ayant remis son établissement à son fils, cessant de s'occuper de toute affaire d'intérêt, il allait se consacrer entièrement aux ouvriers, au Compagnonnage, à ses réformes, à sa fusion. Il voulait refaire son Tour de France, il voulait se faire apôtre de paix et d'idées fraternelles ; et il est plus que probable qu'en l'année 1861 nous aurions voyagé ensemble, que nous aurions déployé un zèle égal des deux parts, et que notre intervention n'eût pas été sans résultats. Voyageant ensemble, nous serions descendus l'un chez les Compagnons du Devoir, l'autre chez les Compagnons du Devoir de Liberté. Nos amis de tout âge, de toute condition, ouvriers, patrons, dont les sympathies nous

tés voulussent se mêler, et alors nous serions bien loin d'avoir réalisé l'œuvre sublime! rêve des plus hautes intelligences. Que chacun ouvre son cœur et jette à tous les vents toutes ses pensées; je dis les miennes.

Si je me répète un peu, qu'on me le pardonne.

Il ne faut pas deux sociétés dans la société, un État dans l'État. Il faut un seul code, un seul règlement, un seul président, une seule direction, un seul intérêt pour tous. Partout où le principe opposé a prévalu il y a eu trouble. Ici je parle à la raison, je parle à la conscience, je parle à l'expérience, et vous allez entendre l'éloquence des faits.

Chez les menuisiers du Devoir, il y a deux règlements, deux chefs, deux caisses, assemblées de Compagnons, assemblées d'Aspirants. Il en est résulté des conflits, des révolutions, de nombreux déchirements, de grands malheurs.

Chez les serruriers du Devoir la même constitution a produit les mêmes troubles.

sont connues, touchés de notre arrivée, se fussent, à notre occasion, réunis en banquets; des chants à l'unisson se fussent fait entendre, des paroles sorties du cœur eussent touché les cœurs, des mains se fussent pressées, des liens fraternels se fussent formés, et la grande question du Compagnonnage eût fait un pas immense.

Comment, de toutes les manières, ne déplorerais-je pas l'énormité d'une telle perte?

La richesse, loin de corrompre, développa et fit ressortir toutes les qualités de M. Jenselme. Cet homme, je l'offre en modèle à tous les maîtres, à tous les Compagnons, à tous ceux qui, par d'heureuses circonstances, s'élèvent de bien bas sur les hauts échelons de l'échelle sociale. Combien sont pleins de morgue, de mépris pour ce qui est au-dessous d'eux, et cependant qu'il est beau, qu'il est honorable de conserver sa simplicité... Rien ne prouve mieux la véritable grandeur de l'homme.

J'ai dit que le caractère dominant du Compagnon menuisier du Devoir était la fierté, plus une certaine froideur. J'ai parlé de nombreuses exceptions. Ajoutons que généralement ils sont honnêtes, probes, rangés, qu'ils ont de la tenue, de l'ordre, de la convenance, qu'ils se soutiennent parfaitement entre eux, et qu'une modification dans la loi en produira dans le caractère... A la fin nous aurons des institutions et des cœurs démocratiques, ce qui sera d'un grand poids pour l'avenir du Compagnonnage.

Chez les tailleurs de pierre Etrangers, il y avait aussi assemblées de Compagnons, asemblées de Jeunes-Hommes, et deux intérêts. Il en est résulté une scission en 1839, une scission en 1853.

Dans toutes les sociétés, de Jacques, de Soubise, de Salomon, deux Etats dans l'Etat ont amené les mêmes catastrophes.

Chez les menuisiers et les serruriers du Devoir de Liberté, dits les Gavots, un seul règlement pour les Compagnons et les non-Compagnons, le chef élu par tous les associés, mélange des jeunes et des anciens à table, au lit, au travail, dans les salles d'étude, dans les assemblées ; les peines et les plaisirs également partagés. Pas une seule révolte dans cette société ; les Affiliés n'ont jamais cessé d'être très-liés et très-attachés à leurs Compagnons. Est-ce que ce fait ne prouve pas en faveur du système démocratique? en faveur de l'égalité et de la fraternité?

Il est vrai que les Compagnons du Devoir de Liberté réformèrent leur code en 1804, et qu'alors ils introduisirent chez eux une grave modification. Ils ajoutèrent à leur hiérarchie un *troisième ordre*, des Dignitaires, qui eurent une existence distincte, des faveurs, des priviléges. Les créateurs de cet ordre n'avaient pensé qu'au bien ; ils voulaient exciter au travail, à l'émulation, faire naître de savants ouvriers, et donner du lustre à la société. Mais ils ne purent tout prévoir. Les Dignitaires firent corps. Ils avaient des lois à eux, des assemblées spéciales, des intérêts particuliers. Un conflit éclata en 1842 entre ceux-là et les Compagnons finis ; une terrible scission en fut la conséquence.

Que prouve encore ce fait-là? Toujours en faveur de l'égalité. Du moment qu'on la détruit on prépare des crises, des révolutions, des décompositions pour un temps assez prochain.

Ce n'est pas moi qui viens de parler : c'est l'histoire, ce sont les faits, c'est la vérité, et il faut s'incliner devant leur puissance.

Compagnons du Devoir, Compagnons du Devoir de Liberté, *deuxième, troisième* ordre, Affiliés, Aspirants, Indépendants, enfants de Salomon, de Maître Jacques, de Maître Soubise, l'époque est solennelle ! il ne faut

pas la méconnaître... Ouvrez les yeux... pensez! médi-
tez!... et créez pour l'avenir.

Serez-vous du Devoir, serez-vous de la Liberté? des
deux si vous voulez. Ces deux choses sont également
belles. Serez-vous tout simplement les Compagnons
menuisiers des Devoirs réunis? Avisez (1).

Quel sera votre fondateur préféré? Maître Jacques
était un savant, un homme moral; son code renferme
de magnifiques choses; il dure, il régit des masses
d'hommes depuis 460 ans; sa durée prouve sa profon-
deur et sa solidité. Mais plusieurs points de ses institutions ne sont plus praticables... Nous devons tous
mettre les pieds sur le terrain de la tolérance religieuse,
de l'égalité civique... Honorons les réformateurs d'Orléans, mais ne repoussons pas Salomon, cette grande
figure de l'histoire sacrée. Ce roi juif fut l'allié du roi
de Tyr, du roi d'Egypte, qui n'étaient pas de sa religion; il épousa la fille de ce dernier. Mais il eut un
sérail! qu'il peupla de femmes étrangères, ce qui lui
valut la haine des prêtres. Ce sérail était de mode
dans son temps, dans son pays, ainsi qu'il l'est encore
de nos jours à Constantinople, dans tout l'Orient, et, en
ce cas, ne tire pas à conséquence. Qu'étaient toutes
ces femmes? des Dames d'honneur, des embellisse-
ments de cour; rien de plus; et il faut remarquer ceci:
c'est qu'il n'en fut pas l'esclave. Il conserva sa liberté,
il ne délabra pas son cerveau, il ne dégrada pas son
cœur. Il traita des arbres, des plantes, du commerce,

---

(1) En 1848 les Compagnons se serrèrent la main, eurent
des assemblées, et rédigèrent la *Constitution fraternelle des
Compagnons des Devoirs réunis*. Des enfants de Salomon,
de Jacques, de Soubise prirent part à ce grand travail et il
fut signé par trois Compagnons de chacun des corps que
voici: Blanchers-Chamoiseurs, Boulangers, Chapeliers, Cordiers, Cordonniers, Couvreurs, Menuisiers de Liberté, Sabotiers, Tailleurs de pierre Étrangers, Tisseurs-Ferrandi-
niers, Tondeurs, Tonneliers, Vanniers; plus, par un Charpentier de Soubise et un Bourrelier. Le but de ces hommes
dévoués était de faire adopter leur constitution au Tour de
France, et de rendre tous les Compagnons amis et frères.
Honorons de si nobles efforts et que leur tentative soit con-
tinuée.

de la morale, de la religion, de toute la nature ; il fut
savant, il fut poëte, il fut artiste, et cela prouve, je le
crois du moins, en faveur de sa continence et de sa
sobriété. Est-ce qu'un roi paresseux, crapuleux, dans
le goût d'un Louis XV, pourrait être capable des merveilles attribuées au fils de David ? Il fit construire un
temple d'une réputation universelle. Il aima les travailleurs hébreux, tyriens, égyptiens, il les groupa autour de
sa personne, quelle que fût leur religion ; il grava dans
leurs cœurs l'amour d'un seul Dieu, il leur inculqua les
plus hautes pensées morales et religieuses... Et voilà
pourquoi son œuvre dure encore. Tous les codes, toutes
les histoires, toutes les légendes des Compagnons parlent de Salomon ; les francs-maçons en parlent également. Est-il possible de l'oublier maintenant sans
dépoétiser le Compagnonnage ? Compagnons, avisez.

Comment seront les couleurs ? Aurons-nous plus que
le blanc et le bleu ? y ajouterons-nous du rouge, du
vert, etc. ? Peu m'importe. Cependant il est bon de n'en
pas former de trop gros volumes. L'écharpe restera-t-
elle à l'élu de la société ? C'est une belle décoration,
une belle récompense, et ensuite un précieux souvenir.

Et pour les surnoms ! que faire ? Serons-nous Jean,
Antoine, ou François le Dauphiné, ou bien Dauphiné
l'Ami des Arts, l'Ami du Travail ou la Vertu ? Il peut y
avoir parmi ceux nés dans un même pays beaucoup de
Jean, beaucoup d'Antoine, beaucoup de François, et
compagnons en même temps, et cela fait de la confusion. Les surnoms de compagnons sont infinis et l'on
ne craint pas le double emploi. Supprimer le surnom,
est-ce possible ? n'est-ce pas un peu briser avec la
masse du Compagnonnage ? Que l'on reste dans l'usage
général, mais que l'on prenne des noms modestes, pacifiques, artistiques, et qui peignent d'un trait le caractère, l'esprit ou le goût des hommes qui les portent.

Les menuisiers des deux sociétés ne crient pas, ne
hurlent pas ; cette question est donc réglée d'avance ; il
y a des petites cannes partout ; il faut continuer de les
porter. Que les gants soient noirs, ou chamois, ou
blancs, peu m'importe, mais point de signification à pénible souvenir.

Y aura-t-il plusieurs ordres de Compagnons ? Y aura-t-il Compagnons reçus et Compagnons finis? aurons-nous au-dessus de ces deux ordres des ordres supérieurs?... Gardez toute votre puissance dans l'intérieur de la société; ne créez pas une double autorité; redoutez les conflits de pouvoir, ne préparez pas des scissions pour l'avenir. Voulez-vous exciter l'émulation, récompenser vos hommes de mérite? On peut créer des médailles, ou, ce qui serait mieux, des faveurs spéciales, sortes de rubans d'honneur, longues de quinze centimètres, larges de quatre, avec franges au bout, portant quelque broderie, quelques mots significatifs, de couleur vermillon pour les savants sur le trait et l'architecture, orange pour les coupeurs de bois hors ligne, bleu de ciel pour les hommes d'un zèle extrême, les administrateurs habiles, ayant rendu des services éclatants à la société, blanche ou lilas pour ceux qui vous servent par un autre genre de mérite, en vous illustrant, en vous faisant aimer le travail et la gloire. Ces faveurs seraient votées par la société tout entière, décernées, après l'approbation du Tour de France, au milieu d'une grande assemblée, dans une grave cérémonie, ce qui produirait un grand effet. Mais ces hommes décorés de faveurs, comme les simples soldats décorés de la croix, resteraient à leur rang, car on peut être un savant ouvrier sans être pour cela plus apte à la direction de la société qu'un simple soldat décoré ne l'est pour diriger une compagnie ou un régiment. Reste l'élection pour placer successivement à votre tête tous les hommes capables du commandement. Excitez au travail, mais que la société n'aliène jamais son autorité.

Comment appeler les non-Compagnons? Affiliés, Attendants, Aspirants? Les députés aviseront.

Faut-il se tutoyer? faut-il employer le vous? Dans les sociétés du Devoir les Aspirants se tutoient entre eux, et les Compagnons entre eux; de Compagnons à Aspirants il faut se dire vous. C'est la règle. Voilà un Aspirant. On le reçoit Compagnon. Dans la même journée il dira vous à ses amis de la veille et toi à ceux qui viennent de se l'adjoindre, avec lesquels il avait vécu jusque-là sans familiarité. Ce brusque changement a quelque chose de gênant pour celui qui le subit; et, en outre, ceux qui restent Aspirants ont de la peine à comprendre que leur camarade d'hier ne soit plus pour eux le même aujourd'hui. De là un certain froissement, des plaintes, parfois exagérées, sur la fierté des Compagnons. Chez les Compagnons du Devoir de Liberté le toi n'existe pas ; tous, jeunes et vieux, doivent se dire vous, au moins chez la Mère. Au dehors chacun est libre ; mais l'habitude du vous étant une fois contractée on s'y conforme très-facilement ; je le sais par expérience. Compagnons, faut-il employer le vous, le toi ? cela vous regarde. Mais restez dans les principes d'égalité ; que l'Aspirant soit traité avec convenance, et gardons-nous de le choquer en rien.

Que les Affiliés, ou les Aspirants, soient nos amis, vivons fraternellement ; que le premier Compagnon soit l'élu de tous.

Les guilbrettes sont simples, qu'elles le soient davantage s'il est possible.

Conservons les fêtes patronales, elles forcent à la bonne tenue et relèvent le cœur et le moral des hommes.

Il faut une caisse bien administrée. Si le principe des Compagnons du Devoir nous suffit en ce cas, adoptons-le.

Point de topage, point d'attaque d'aucune sorte. De l'amitié, de la sympathie pour tous les corps d'états.

Rien de beau comme les embauchages, les levages d'acquit chez les patrons et ailleurs, les rapports des Compagnons avec les maîtres, l'institution des Mères, des Rouleurs, les soins mutuels entre tous les associés, les diplômes, les certificats d'honneur, les récompenses aux bons, les flétrissures aux méchants, la surveillance de la société sur tous ses membres, des livres bien tenus, une administration régulière.

Sur toutes les choses que voilà et autres encore, les deux sociétés se ressemblent et s'entendront sans trop de peine. Il en sera de même sur les réceptions, les reconnaissances, les conduites, les enterrements, les actes de remercîment, une foule de cérémonies. Le nouveau code sera la réunion de toutes les meilleures choses prises dans les deux sociétés, et autres améliorations que nous trouverons en nous ou ailleurs.

Ayons de bonnes écoles de dessin, excitons tous nos

travailleurs; engageons des concours ; produisons des chefs-d'œuvre, des merveilles ; il le faut.

Créons des bibliothèques renfermant des vignoles, des traités d'architecture, de géométrie, de trait ; ayons des collections de dessin de menuiserie, de meubles de toutes sortes ; possédons un choix de bons livres. Mettons-les à la disposition de nos hommes studieux. Nommons un bibliothécaire ; qu'une faveur particulière le décore. Ajoutons à tout cela des objets d'art, quelques beaux tableaux. Que nos salles soient décorées, et que leurs décorations soient instructives.

Mais, sur toutes choses, que la société soit religieuse et philosophique, démocratique et fraternelle. Notre voyage sera semé de fleurs, et le Compagnonnage fera de nous de savants ouvriers et de sages citoyens.

J'ai dit mes pensées sur quelques points qui doivent être pris en considération ; mais c'est en commun, par nos députés, nos mandataires respectifs, que tout doit être débattu contradictoirement et réglé d'une manière définitive.

S'entendre entre Compagnons, c'est bien, mais il faut que les ASPIRANTS prennent part à cette magnifique reconstitution.

M. Chovin dit : Il faut envoyer vos Affiliés avec nos Aspirants ; ils se gouverneront entre eux comme ils l'entendront. Mon langage est autre, ce n'est pas ce qui vous a perdus qui pourrait nous sauver, et je dis : Il faut que les Aspirants viennent se joindre à nous, et que nous ne fassions qu'un tous ensemble.

Mais, répondra M. Chovin, vos Affiliés ne sont pas libres, ils n'ont pas un gouvernement indépendant des Compagnons, tandis que nos Aspirants s'élisent un chef pris parmi les leurs, et s'administrent entre eux avec une entière liberté. Et voilà, je répliquerai, ce qui fait le mal, et ne doit pas être continué. Oui, les Aspirants ont un premier Aspirant, mais sont-ils, pour cela, plus libres et plus éclairés sur la situation de la société que si le président, l'élu de tous, était un Compagnon, comme chez les Menuisiers du Devoir de Liberté? Je le nie formellement. Ensuite il faut une hiérarchie, de l'unité, une société fortement constituée, et les Aspirants le comprendront, je l'espère. Cependant il faudra

leur faire des concessions, il faudra que tous ceux qui
président ou ont présidé les leurs prennent immédiatement place parmi les Compagnons, pourvu que rien de
fâcheux ne les ait compromis, et que leur vie ne soit
point tachée. Je vais donc, m'adressant à tous ces hommes, auxquels le Compagnon du Devoir n'a pas donné
une seule fois raison, leur dire ma pensée, leur donner
les conseils que je crois les plus pratiques et les plus
utiles. Je les prie de me lire avec soin.

Aspirants, c'est un ami qui vous parle!

Aimez les Compagnons, ils sont vos frères aînés.
Vous grandirez dans le métier, vous conserverez votre
moralité, votre amour du bien, et vous leur serez ad-
joints dans la direction de la société. Les plus anciens
se retirent, de plus jeunes les remplacent. Vous gouver-
nerez à votre tour, et d'autres viendront se placer à votre
côté, pour être ensuite tête de colonne. Des multitudes
d'hommes leur succéderont. Puissent-ils tous, en passant
par la même filière, prendre les plus nobles habitudes!
Ce n'est donc pas pour nous personnellement qu'il faut
travailler, mais pour les autres, pour toute notre classe;
il faut vouloir une société capable de servir les travailleurs. Cette société existe-t-elle? Il faut éviter de la
diviser, de la morceler, d'amoindrir son prestige, de
lui enlever toute force, toute influence; et pour que
cela soit, gardez-vous de l'envie, de la jalousie, de la
raillerie, de l'esprit de contention, de l'insoumission,
de la révolte... Il y a, il doit y avoir des moyens pacifiques, calmes, légaux de se faire rendre justice; et
puis, à tout prendre, il vaudrait mieux souffrir momen-
tanément que de briser un utile faisceau. Sachez obéir,
sachez respecter ceux qui vous précèdent, afin de gou-
verner sagement à votre tour, et d'être aimés de ceux
qui marchent à votre suite.

Vous entrez dans une société jeunes encore; apprenez à la connaître, étudiez le caractère des hommes,
acquérez de l'expérience, soyez respectueux, soumis à
vos chefs; instruisez-vous, élevez-vous, et faites tout
en faveur de notre union.

Si vous étiez soldat, vous seriez obéissants, vous vous
rendriez à tous les appels, à toutes les corvées, on vous
verrait trotter vers vos casernes peu après le coucher

du soleil, vous seriez ponctuels, attentifs aux manœuvres... On vous ferait tourner à droite, à gauche, marcher en avant, en arrière, courir dans tous les sens. Là
il faut être exacts au coucher, au lever, à tous les services ; et c'est avec rudesse que l'on vous commande.
Vous ne répliquez pas, vous êtes doux, soumis comme
des enfants bien élevés. Cet état passif vous le suppor-
tez pendant sept ans, d'autres s'y conforment toute leur
vie ; et cependant ils sont braves et vaillants. Vous apprenez dans ce service la propreté, l'ordre, la ponctua-
lité et à remplir plus tard une foule d'emplois pour lesquels ils sont toujours les préférés, leur aptitude n'é-
tant un mystère pour personne.

L'on voit par l'exemple que je viens de présenter
que l'homme se plie à tout, et que l'obéissance ne lui
est pas aussi difficile que beaucoup de gens affectent de
le croire.

Si la force, si l'autorité armée, si la crainte le rendent si doux, si ponctuel; si l'obéissance lui est alors si
naturelle ; s'il la pratique sans effort pendant de longues
années, pourquoi ne nous plierions-nous pas, nous
autres ouvriers, aux règles de nos bienfaisantes associations, et cela par devoir, par convenance, par raison,
par esprit de justice, par amour même de notre unité? Nous
obéirions pendant sept ans sans demander aucun compte
à nos chefs, en baissant la tête, et nous ne saurions,
dans une société d'égaux, de frères, en qualité d'Aspirants ou d'Affiliés, supporter la moindre observation,
la plus légère réprimande sans nous fâcher et déser-
ter! Ce serait mal comprendre le devoir, mal la liberté
et le principe de toute association.

Soyez donc soldats avant d'être chefs, obéissez avant
de commander ; éclairez-vous, fortifiez-vous avant de
prétendre marcher à la tête de vos frères. Buvez, mangez, dormez, travaillez, dessinez, étudiez, fraternisez
avec les Compagnons... Mêlez-vous, confondez-vous
avec eux, sans cesser d'être soumis et polis. Et partant de ce principe, plus d'assemblée à part, plus de
règlement à part, plus de caisse à part. N'ayons qu'un
seul intérêt, constituons l'unité, créons une grande et
sublime association. Aspirants, ayez de la déférence
pour vos aînés, et plus tard vous inspirerez à vos jeu-

nes frères les mêmes sentiments de gratitude et d'amour.

Tous les Compagnons, tous les Aspirants, tous les Affiliés seront réunis : ce sera la société des Compagnons et de tous ceux qui aspirent à l'être.

Les Aspirants, généralement, sont plus jeunes que les Compagnons, et les plus jeunes doivent commencer par obéir. Il faut à l'homme un peu d'humilité, trop d'orgueil le perd... Il y a cependant chez les Aspirants des hommes mûrs, capables d'être Compagnons; et dans le moment où nous sommes, pour accomplir une vaste fusion, il ne faut pas les laisser à l'écart. Mais pour les attirer il faut leur donner une preuve de confiance, et voici ce que j'ose me permettre de leur proposer :

Aspirants, pensez à la grande fusion que nous voulons réaliser, et au bien qui doit en résulter pour toute la classe ouvrière. Je cherche les moyens efficaces pour effectuer une grande concentration. Ne restez pas isolés, venez vous joindre à nous, embrassez nos lois modifiées, élargies, complétées; et, d'abord, commencez par faire un acte très-important, mais d'une nature telle qu'il ne doit pas se renouveler... Écoutez :

Êtes-vous, dans une ville, au nombre de cent ? faites parmi vous tous un choix des plus capables, des plus moraux, des plus intelligents; n'oubliez pas votre premier Aspirant, tous ceux qui l'ont précédé dans cette fonction, tous ceux qui ont rendu des services, qui peuvent en rendre encore, et rédigez une liste portant vingt-cinq noms. De ces vingt-cinq Aspirants nous ferons vingt-cinq Compagnons. Êtes-vous quatre-vingts, présentez-en vingt; quarante, dix; vingt, cinq. Et ce quart des Aspirants dans toutes les villes, si mes vœux sont suivis, prendront immédiatement rang parmi les Compagnons. Il en serait de même parmi les Affiliés. Tous les Compagnons de la ville, jeunes et vieux, établis ou non établis, prendraient part à cette extraordinaire réception. La société se trouverait, par ce grand fait, et tout à coup, reconstituée, régénérée, grossie, et son avenir serait assuré.

Nous n'aurons qu'une règle, qu'un règlement, qu'un chef élu, nous ne formerons qu'une masse solide, mais il faut de la subordination, une hiérarchie, et la condition des Aspirants serait celle que nos affiliés ont eue jusqu'à ce jour. Elle n'a rien de rude, rien d'humiliant, ils jouissent des mêmes avantages que les Compagnons, sans avoir les mêmes fatigues. Il y aura les Compagnons et les non-Compagnons. Ceux-ci s'appelleront les Affiliés, ou les Aspirants, ou les Attendants, le nom n'y fait rien, et nous serons tous frères.

Sans doute, Aspirants, vous n'aurez pas, tout d'abord, la direction de la Société ; mais dans l'armée il faut être chasseur avant d'être voltigeur ou grenadier, il faut être soldat avant d'être en possession d'un grade quelconque ; partout il faut obéir avant de commander. Nous sommes vos anciens, vos chefs actuels; vous nous pousserez, vous serez poussés par d'autres à votre tour ; nous monterons, nous descendrons successivement... Chaque génération apportera son concours à notre œuvre, qui ne cessera de progresser et de se fortifier.

A côté de la société des Aspirants il y a d'autres sociétés, contenant quelque chose du Compagnonnage; appelons-les ; qu'elles viennent se joindre à nous, et faisons-leur des faveurs égales à celles dont nous venons de parler.

Reste maintenant la société de l'Union, qui sort des menuisiers et serruriers du Devoir, et qui repousse les rubans, les cannes, les initiations, et veut vivre sans mystère et sans dogme, appuyée sur la seule raison. Respectons toutes les formes, toutes les convictions, et qu'elle reste ce qu'elle est puisqu'elle ne veut pas se réunir à nous.

Il y aura d'un côté les Compagnons, de l'autre les sociétaires. Ce seront deux sociétés distinctes, bien tranchées, ayant chacune sa constitution, qui marcheront parallèlement, et pourront, en s'entendant au besoin, rendre de grands services à la classe ouvrière.

Au lieu de six sociétés de menuisiers, il y en aura deux; elles seront plus fortes et plus capables de faire le bien.

Morcelées, elles étaient d'une extrême faiblesse, pauvres de toutes les manières. Ce n'était pas sans peine que l'on trouvait là des chefs capables. Le grand nombre obéit mal quand la tête manque et que la direction est équivoque. D'autre part, on est peu attaché à des sociétés trop réduites, qui n'ont plus rien d'imposant. Réprimandez un jeune homme qui l'a doublement mérité, il se fâche et vous quitte. Il va ailleurs ; et trop de sociétés s'ouvrent à ce nouveau venu, sans lui demander compte de sa conduite antérieure. Il n'aura pas plus d'amour pour ceux qui l'accueillent que pour ceux qu'il vient de quitter. Il veut avoir partout des droits, recevoir partout des services, et ne remplir aucun devoir. Système commode, mais fort égoïste et fort répréhensible. On passe d'une société à l'autre sans scrupule, sans délicatesse, avec une déplorable facilité, laissant partout un triste souvenir. Il faut un remède à ce mal, et nous le trouverons dans les deux fortes sociétés dont nous venons de parler.

En face des Compagnons seront les Sociétaires, en face le Compagnonnage la société de l'Union.

Un jeune homme veut-il parcourir le pays, faire son Tour de France, acquérir des talents, on lui dira : il y a deux sociétés, dont le fond est également bon, mais dont les formes sont différentes.

Voulez-vous d'une Société où il y a des cannes, des rubans, une initiation, des reconnaissances, des mots de passe, une hiérarchie, des dogmes, des symboles, un certain idéal, une certaine poésie ? Allez avec les Compagnons.

Repoussez-vous les cannes, les rubans, toutes sortes de mystères, d'hiérarchie, d'apparat, la raison seule vous suffit ? Allez avec les Sociétaires.

Entrez dans la Société qui répond le mieux à votre esprit, à votre cœur, à votre âme, à votre nature, et une fois que vous y serez, remplissez tous vos devoirs.

De société à société point de haine, point de lutte, point d'insulte, mais émulation, désir de se surpasser l'une l'autre par le talent, par la science, par la conduite des adhérents, par la réputation, par la gloire... J'adhère à tout cela. Mais qu'elles restent amies, qu'elles ne cessent d'entretenir des rapports de cordialité ; qu'elles maintiennent l'ordre chacune chez soi, qu'elles se gardent bien de se prendre des hommes sans lever l'acquit, et de se faire une coupable et ruineuse concurrence.

Nous aurons notre manière d'être, les Sociétaires auront la leur ; mais, de part et d'autre, soyons larges d'idées, soyons tolérants, soyons humains ; enseignons à la classe ouvrière à se respecter, à s'éclairer, à s'élever de plus en plus ; cultivons le dessin, la géométrie, le trait, l'architecture, tout ce qui est utile et bon. Que le Tour de France soit une vaste école. Si l'on part ignorant du pays, que l'on retourne savant et plus haut de dix coudées.

Compagnons, respectez l'Union ; Union, respectez les Compagnons... que chacun soit libre dans sa foi, dans sa croyance, dans son opinion, dans son aspiration, dans son mode de gouvernement, dans ses coutumes, dans ses usages, dans telles ou telles formes qu'il lui plaît d'adopter et de suivre et ne peuvent nuire à autrui. Point de satire, de raillerie, d'agression... Chantons l'humanité, chantons la fraternité, et ne cessons point de nous donner la main.

J'ai parlé des Compagnons menuisiers, de leurs Aspirants, de leurs Affiliés ou Attendants, de l'unité à réaliser, de la société de l'Union, et demandé qu'entre les deux grandes sociétés debout la concurrence ou la rivalité n'ait pour but que de former d'honnêtes hommes et de savants travailleurs. Je vais m'étendre davantage.

Que les menuisiers se réunissent, mais que les serruriers, les tailleurs de pierre, les charpentiers en fassent autant.

Que les tailleurs de pierre, Etrangers et Passants, remarquent bien qu'il y a à côté d'eux des Compagnons de l'Union, d'anciens Jeunes-Hommes, d'anciens Aspirants, et qu'il est bon de rallier tout ce qui tient aux formes poétiques du Compagnonnage.

Et les Compagnons boulangers (1), et les Compa-

---

(1) Les Compagnons boulangers du Devoir ont proposé, ou doivent proposer aux sociétaires, dits les Rendurcis, qui prennent parfois la qualification de Compagnons du Devoir de Liberté, de fusionner avec eux. Puissent-ils s'entendre et ne faire qu'un tous ensemble. Les Compagnons cordonniers, eux aussi, devraient se montrer larges... réaliser des fusions et des amnisties. Les gouvernements finissent par amnistier ceux qui ont voulu les renverser, pourquoi les

gnons cordonniers n'auraient-ils pas aussi à attirer à eux et à réaliser également une fusion ?

Comme les gouvernements, les Compagnonnages devraient proclamer des amnisties, reprendre les hommes qui n'ont jamais répudié la probité, et qui sont en dehors de leur sein sans être flétris, ou sans avoir mérité flétrissure. Il faut de ces grands jours de réconciliation... ils font descendre la joie dans les âmes et les cœurs et sauvegardent l'avenir.

Quand on se sera groupé ainsi que je l'entends, il faudra une constitution générale, unissant tous les corps d'états.

Cette dernière pourrait même se faire immédiatement, avant toute autre fusion.

Voici mon idée à cet égard.

Dans les grandes villes chaque métier peut faire corps à part, et Mère à part; mais il est des localités peu importantes, qui occupent peu d'ouvriers de chaque partie, et où ceux-ci, forcés de vivre isolés, s'arrêtent avec une grande répugnance, et souvent ne font que passer. Les maîtres se trouvent souvent privés des bras dont ils auraient besoin, et le travail languit. Si un menuisier, si un maréchal, si un cordonnier séjournent là, ils vivent en dehors de toute mutualité, et sont sans appui et sans consolation si le malheur vient les frapper.

Que faire pour obvier à cet inconvénient?

Instituer une Mère sociale générale, un règlement commun ayant autorité sur les ouvriers de tout métier, de tout Devoir, de toute société.

On aurait un Président élu, un Rouleur de semaine,

sociétés d'ouvriers n'en feraient-elles pas autant? Ils puiseraient là de la force et de l'avenir. Que tout ce qui n'a pas volé puisse revenir à nous... Que les amendes honorables soient acceptées... Combien ont manqué et qui le regrettent aujourd'hui!.. Combien se sont purifiés d'une faute par une longue vie de labeur et de sacrifice .. Croyons à la régénération, croyons au bien, acceptons le retour... Si nous sommes inflexibles nous manquons de bonté, et peut-être même de capacité. Il faut des jours de réconciliation, de grande fusion, d'amnistie générale, sans quoi tout se dissoudrait à la fin... Puisse mon conseil être suivi, l'on s'en réjouira plus tard.

des assemblées mensuelles. Compagnons et non-Compagnons vivraient fraternellement. Les enfants de Salomon, de Jacques, de Soubise trouveraient là même accueil et mêmes secours. Quand un homme voudrait partir pour une ville de Devoir, où sa société réside et fait Mère à part, ses papiers seraient visés en conséquence. S'il partait pour une ville de même nature que celle où il se trouve, il serait adressé au siège de la société des Compagnons réunis; et, en toute occasion, il serait assuré de rencontrer des amis et des frères. Ce supplément d'organisation, bon pour les ouvriers, le serait également pour les maîtres, et je le recommande à l'appréciation de tous les Compagnons.

Ces villes-là disposeraient beaucoup de jeunes gens à voyager, et deviendraient des pépinières pour le Compagnonnage et le Tour de France.

Chaque société a ses reconnaissances particulières; pourquoi pas une reconnaissance générale, commune à tous les métiers et à tout le Compagnonnage? Je la souhaite, je l'appelle de tous mes vœux.

Que le voyage aurait alors d'appât? que d'amis, que de frères nous rencontrerions sur toutes les routes. C'est alors que nous boirions avec joie à la gourde mutuelle de la fraternité! Hâtons ce beau moment.

La société de l'Union est certainement fille du Compagnonnage, bien qu'elle ne lui soit pas sympathique, et tout ce qu'elle a de meilleur dans ses institutions est tiré de lui. Mais elle a quelque chose tiré de son fonds, c'est la solidarité entre tous les travailleurs... Voilà ce qui l'honore, voilà ce qui fait sa grandeur et sa gloire. Ne lui soyons inférieurs par aucun côté, je vous en prie.

Je reconnais cependant que le Devoir embrasse de nombreux corps de métiers, mais il y a désunion, tiraillement, lutte parfois, et voilà ce qui n'est plus de notre temps. Ah! si tous les ouvriers pouvaient s'aimer! que ce serait beau.

CHAPITRE CINQUIÈME.

CRITIQUE ET MORALE.

La religion accepte tous les hommes comme ses prosélytes, comme enfants du même Dieu; la politique, lorsque l'autorité n'est pas entre les mains d'un despote ou d'une caste, accueille tous les hommes comme citoyens; la philosophie voit partout des amis, partout des frères... et nous, Compagnons, nous ne serions pas les frères de tous les travailleurs! C'est qu'alors nous serions sans religion, sans intelligence politique, sans une ombre de philosophie, et j'ajoute: Sans raison, sans bon sens, sans jugement, et par conséquent des sortes de sauvages! Quoi! celui qui cuit le pain, celui qui fait notre chaussure, celui qui tisse notre linge ou nos vêtements ne serait pas l'égal de celui qui travaille le bois, ou la pierre, ou le fer! et vous voulez être les égaux des médecins, des avocats, des artistes, des riches, des nobles! Si ces hommes, plus instruits que vous, ayant le cerveau plus meublé, plus développé que vous, sachant mille choses qui vous sont inconnues, vous repoussaient, vous dédaignaient, vous marquaient du mépris, vous crieriez bien fort qu'ils sont des aristocrates, des êtres absurdes; et vous, artisans, vous repoussez des artisans, qui ne diffèrent en rien de vous, dont l'instruction, l'éducation répondent à ce qu'on a pu vous enseigner, dont l'esprit égale votre esprit et les facultés vos facultés, et néanmoins vous avez l'audace de vous proclamer démocrates, hommes de progrès et sans préjugés! A quoi pensez-vous donc?

Non, non, n'accusez pas la richesse, n'accusez pas le

6.

despotisme, n'accusez pas la fierté, l'orgueil des castes,
si vous, ouvriers, vous méprisez l'ouvrier; si vous,
pauvres, vous repoussez le pauvre. Ne vous aimant pas
les uns les autres, pouvez-vous exiger l'amour des puissants? Aimez, et l'on vous aimera; soyez juste pour
tous, et l'on sera juste pour vous.

Vous prétendez, menuisiers, que la menuiserie est
un art; mais pour faire une croisée, une persienne, une
porte, quel art faut-il tant? A dix-sept ans je faisais,
sans trop d'efforts, ces différents travaux, et avec un
certain fini. Sans doute, faire une chaire à prêcher, un
riche baldaquin, et les faire avec délicatesse, c'est être
artiste; mais un menuisier sur mille est capable d'en-
treprendre et de se tirer avec gloire de ces œuvres com-
pliquées.

Pour être Gâcheur, pour élever de grandes char-
pentes, des ponts sur les fleuves, il faut de l'étude, du
talent; mais pour un savant conducteur de travaux,
combien d'ouvriers ne savent que faire des mortaises,
des tenons, de l'équarrissage, mettre au levage... peut-
on considérer tout cela comme des opérations artistiques? Nous pourrions faire le même raisonnement sur
les tailleurs de pierre.

Et que voit-on cependant en plus d'une occasion?
C'est que les ouvriers savants, véritablement artistes,
ne dénigrent aucun métier, ne repoussent aucun travailleur, tandis que ceux d'une moindre capacité
se montrent plus fiers, plus exclusifs, plus intraitables.

J'ai approfondi ma partie; je donne des leçons de
théorie appliquée depuis vingt-six ans. Qu'un bâtiment me soit confié, je puis, des fondations au faîtage,
diriger les travaux de la pierre et du bois, et tout tra-
cer au besoin. Je suis heureux d'avoir livré mon cerveau à la combinaison des lignes et mes mains au ma-
niement de nombreux instruments de travail. Je sens
que cette application m'a fait du bien, qu'elle m'a rendu
facile la réflexion sur les sujets les plus variés, les
plus divers... Mais je n'en suis pas plus orgueilleux
pour cela, et j'accepte, avec joie, tous les ouvriers, tous
les hommes pour mes frères. Pourquoi tant et tant
d'autres Compagnons se montrent-ils plus rigoureux?

Prouvent-ils par là qu'ils ont de la sagesse, de la religion, de la philosophie, et, enfin, une fibre vraiment populaire dans le fond de leur cœur? Nullement. Un puissant pressera la main d'un charpentier, et un charpentier ne pressera pas, avec effusion, la main d'un boulanger, dont le travail le soutient, et sans lequel il ne saurait vivre !... Voilà ce qui fait mal et pitié.

Arrivons à d'autres considérations. Je veux supposer des ouvriers en bâtiment très-savants dans les diverses parties qui les concernent; je veux qu'ils soient de profonds artistes. Est-ce tout? Non, et je m'explique nettement : s'ils n'ont aucune connaissance littéraire, historique, poétique, sociale, religieuse, générale; si, en dehors de l'état qui leur est propre, ils ne savent absolument rien... s'ils n'ont point de grandeur dans le caractère, s'ils sont indifférents à tout, je dirai : Ce sont de bons ouvriers, et il faut les honorer en cela, mais ce ne sont pas des hommes complets.

Qu'un cordonnier, même petit ouvrier, étende sa pensée sur toute chose, que son âme soit sensible à toutes les misères, qu'il ait de l'intelligence, du cœur, de l'amour, l'énergie du bien, je le préférerai cent fois au savant charpentier qui n'est que charpentier.

Je ne demande pas si Moïse était pasteur très-attentif; si Socrate, comme sculpteur, Confucius comme menuisier, Jésus comme charpentier, Jean-Jacques Rousseau comme graveur, étaient des modèles dans les métiers qui étaient les leurs; je considère ce qu'ils ont fait pour l'humanité, et je m'incline bien bas. Je sens, je vénère, j'adore... Ouvriers, soyons humbles, mais que nos pensées aillent toucher au ciel.

Non, non, je ne puis comprendre l'antagonisme parmi les miens.

Si le boulanger vous fait un pain bien levé, cuit à point, d'un excellent goût, reconnaissez qu'il possède l'art qui lui est propre; si le cordonnier vous fait des souliers qui ne serrent ni trop, ni trop peu votre pied, qui ne vous fassent point souffrir, d'une forme agréable, et qui ne se décousent pas, reconnaissez qu'il est artiste dans son métier, et qu'en sa qualité de travailleur très-utile, il a droit à votre reconnaissance. Que deviendrions-nous si ceux dont je viens de parler nous privaient des œuvres de leurs mains (1) ! Ouvriers, aimez vos métiers, aimez-en les progrès, aimez tout ce qui est juste et bon, aimez-la fraternité entre toutes les nations et toutes les classes du peuple !... Soyez Compagnons, mais, aussi, soyez citoyens et soyez hommes.

C'est par l'oubli des hauts principes d'humanité que la terre s'est comme dérobée sous nos pieds, et que notre existence comme association semble pencher vers sa fin. Si la vieille foi meurt, ayez au moins une foi nouvelle, ayez la vie, si vous voulez la donner.

Oui, Compagnons, oui, Sociétaires, la situation est grave... Il y a en nous, il y a dans toute la classe ouvrière un côté fâcheux que je veux éclairer ; écoutez-moi :

Je l'ai dit, je le répète, je le répéterai encore, trop de divisions, de séparations, de scissions ont produit l'anarchie. D'autres causes, très-complexes, ont contribué à accroître le mal.

Le jeune ouvrier méconnaît toute subordination. Si le chef d'une société veut le morigéner, le conseiller, le pousser à bien, il se fâche aussitôt, il quitte ceux qui l'ont accueilli, protégé, et va se présenter à une autre société, qui le reçoit, ne veut point lui supposer des torts, applaudit à ses plaintes, à ses calomnies parfois, ne fait aucune enquête, ne lève point d'acquit, et, pour sa part, grossit le mal qu'elle devrait travailler à amoindrir. Les chefs des sociétés, manquant d'influence, d'autorité, ne peuvent plus tenir la bride aux passions, aux fâcheuses tendances, et le désordre va sans cesse croissant.

---

(1) Le boulanger veille pendant que nous dormons, il supporte une chaleur suffocante, ses peines sont extrêmes, son salaire est très-minime, et son travail vient chaque jour nous alimenter. Que nous lui devons de reconnaissance! Il n'est que boulanger, me dit-on ; mais combien de boulangers seraient devenus de savants menuisiers, de savants charpentiers, de savants tailleurs de pierre, et peut-être des généraux d'armée... En seraient-ils plus hommes et plus utiles pour cela? Assurément non. Si leur travail est moins varié, moins attrayant que le nôtre, s'il est plus pénible, s'ils le font loin de la clarté du jour, sans qu'un air pur vienne rafraîchir leur poitrine, que leur peine touche notre cœur et défions-nous de l'orgueil.

Les sociétés voyageuses deviennent impuissantes ; le
travailleur perd tout amour, toute discipline, tout esprit
d'ensemble ; tout principe élevé disparaît, et la moralité
en souffre horriblement. Il n'y a plus dans la plupart
des hommes l'amour d'une institution supérieure, l'amour
du travail, le désir d'exceller dans leurs parties et d'acquérir une gloire bien douce; il y a l'amour du soi mal
compris, l'égoïsme qui les rapetisse et les compromet
de toutes les manières. L'isolement est une affreuse chose, funeste à tous.

Que de temps perdu dans la classe des artisans ! je le
prouve avec tristesse.

Le jeune homme commence son apprentissage à quatorze ans. Il voyage pour se fortifier dans sa partie. Son
intention n'est pas de s'établir avant d'avoir atteint l'âge
de vingt-cinq ou vingt-six ans. Il consacre dix, douze
années à se faire ouvrier. Il exerce ses bras, ses mains,
il fatigue son corps, la sueur coule de son front ; mais
a-t-il cultivé son esprit? Entre-t-il sérieusement dans les
écoles de dessin ? Il lui faudrait un an, deux ans de veillées consacrées à l'étude des théories pratiques... Il n'en
a pas le courage, et perd son temps de la manière la
plus déplorable.

Les charpentiers, les tailleurs de pierre dessinent certainement ; mais ils pourraient faire davantage. Chez
d'autres corps de métiers, la paresse est plus grande, et
le résultat plus triste encore. Combien de menuisiers,
de serruriers, de tourneurs, de maçons, de sculpteurs
en meubles au sein même de Paris, sont incapables de
manier le compas, le crayon, les pinceaux, et de produire
le moindre plan, le plus modeste croquis. Être sculpteur
et ignorer l'ornement, la figure, le paysage; être maçon
et ne savoir produire un devis, la distribution d'une
pauvre maison de campagne; être menuisier et trembler
devant un escalier, un autel, une chaire ; être ouvrier en
bâtiment et ne connaître aucun principe de géométrie,
d'architecture, ne savoir donner une forme régulière à
un pilastre, une colonne, un fronton, quelle honte ; et
j'ajoute : quel manque de cœur.

N'avons-nous que des bras? n'avons-nous pas un cerveau, et ce cerveau doit-il rester inerte, sans lumière! sans clarté!... Dieu nous a fait homme, et

nous mépriserions son œuvre ? Que tout cela m'attriste...

Quelle belle génération d'ouvriers, de 1830 à 1848 et au-delà ! Chaque année faisait naître des poëtes, des prosateurs dans notre sein alors bien fécond : c'était le boulanger Reboul de Nîmes, le perruquier Jasmin d'Agen, le tisserand Magu de Lisy-sur-Ourq, le menuisier Durand de Fontainebleau, le maçon Poncy de Toulon, c'étaient, à Rouen, l'imprimeur sur indienne Lebreton; le potier d'étain Beuzeville. Se distinguaient, dans la *Ruche populaire*, dans l'*Atelier* et la *Fraternité*, journaux mensuels, soit par les vers, soit par la prose, les Vinçard, Savinien Lapointe, Roly, Ponty, Gauny, Duquesné, Léon Leroy, Coutant, Corbon, Lambert, Leneveux, Gilland, Savary, J. Benoît, et vingt autres. Pierre Dupont, Hégésippe Moreau, Adolphe Boyer, Stourm, Tampucci et Orrit, c'étaient encore de simples travailleurs. Et qui ne connaît les chansonniers populaires, Gustave Leroy, Charles Gilles, Charles Vincent, Émile Varin, Louis Voitelin, Louis Festeau, et leurs camarades, dont le nombre est infini ? Ce magnifique mouvement s'est accompli en moins de vingt années. Ajoutons ceci : Des charpentiers, des menuisiers, des tailleurs de pierre, des serruriers, d'autres artisans ont publié, dans le même laps de temps, de savants traités sur les métiers qu'ils avaient approfondis. Citons Coulon, Douliot, Seyeux, Cabanié, Delaunay, Jensen. Et s'il fallait mentionner les savants professeurs de Trait : les Champagne, les Caron, les Sauvageon, les Larrouy, les Victor Lafosse, les Victor Foucault, les Defrance, Alibert, etc., etc., nous n'en finirions plus. Les ouvriers lisaient, dessinaient, pensaient, se préoccupaient de l'avenir, et je constatais, avec bonheur, dans le *Livre du Compagnonnage*, la décroissance de l'ivrognerie. Je ne flattais pas ceux que je servais, je leur rendais justice. Quelle sublime manifestation de l'intelligence populaire !

On parle des beaux siècles de la littérature. On en compte trois, quatre, cinq... C'est peu dans les annales de l'humanité... C'est que les siècles d'éclatante lumière ne sont pas toujours à la suite les uns des autres... Des temps sans couleur, sans caractère se mettent entre eux... Moins d'arbustes séparent les grands chênes de la forêt. Sans doute, l'ouvrier est peu considéré au milieu du mouvement des idées, des crises du monde... Il ne peut lutter, pour le travail de l'esprit, pour les œuvres d'inspiration et d'érudition, contre celui dont l'instruction et la fortune ont hâté le développement et fortifié les facultés expansives. Mais en tenant compte de ses nombreuses entraves, de la masse de gêne, plus lourde que le plomb, qui pèse sur son existence, ne dira-t-on pas avec moi que l'époque que je signale est glorieuse pour les travailleurs, qu'elle est leur grand siècle, et que rien d'analogue ne se présente dans l'histoire universelle des peuples? Vienne donc un savant et sage écrivain pour la décrire, la faire comprendre... Son sujet lui portera bonheur (1).

Après les années d'abondance sont venues les années de stérilité... Non pas que les écrivains ouvriers que j'ai cités soient tous morts... mais beaucoup gardent le silence... Au reste, à qui s'adresser, qui les écouterait? Ils ont assez fait... sans pour cela renoncer à tout avenir. Mais, ont-ils des successeurs? Une nouvelle génération va-t-elle pousser l'ancienne et préparer la voie à une nouvelle?... Rien ne remue... Tout est triste... A des ouvriers studieux en succède-t-il d'aussi vaillants? Aime-t-on le progrès, la science, la méditation? L'ouvrier est-il jaloux de prendre une place honorable dans la société des hommes? Que j'applaudirais s'il en était ainsi.

---

(1) Je cite beaucoup d'ouvriers écrivains, et j'en oublie un plus grand nombre certainement. C'est que je ne puis les connaître tous. Les artisans, les paysans qui ont produit des œuvres utiles, poésies ou proses, ouvrages sur les métiers ou toute autre matière, sont priés de se manifester, de me fournir des détails sur leurs personnes, des documents sur leurs travaux, et si l'écrivain que j'appelle de tous mes vœux ne se présente pas pour mettre en œuvre tout cela, j'essaierai, moi, non de faire un travail au-dessus de mes forces, mais de rédiger des biographies, ce qui ne manquera pas d'éclairer la question et de rendre plus facile la grande tâche qu'un autre, je l'espère, viendra plus tard réaliser. Toutefois, même pour un travail sans liaison, je ne dirai rien qui ne soit inspiré par ma conscience, je veux conserver toute ma liberté d'appréciation, et je tiens à ce que tout un chacun en soit averti.

L'on ne monte pas, l'on descend.

J'ai sondé le terrain, j'ai questionné, et les réponses sont douloureuses.

Un maître menuisier m'écrit de Montbéliard :

« J'ai douze ouvriers dans mon atelier, mais six devraient me suffire ; c'est qu'ils ne travaillent que trois jours par semaine. Je remplace la qualité par la quantité. »

Un tailleur de pierre, un menuisier m'écrivent de Grenoble ; ils me peignent une situation bien fâcheuse : l'homme s'oubliant lui-même, sa coupable indifférence, et me disent :

« Nous rendons hommage à votre courage, à votre persévérance, mais les oreilles sont fermées, et vous prêchez dans le désert. Vous avez assez fait ; pensez désormais à vous et à votre famille. »

De Bordeaux, de Nantes, de vingt autres villes, on me mande les choses les plus navrantes. On me parle des lundis, des mardis, des ateliers trop souvent silencieux, de l'oubli des devoirs du mari, du père de famille, du gaspillage du salaire journalier, du dénûment de l'intérieur du ménage, des cris de détresse de l'épouse et de la famille.

Que je voudrais voir, au moins une semaine par année, les rôles de l'homme et de la femme intervertis. Epoux ! à toi l'intérieur ; à toi de fournir la maison de tout avec la bourse vide ! à toi le soin du ménage et des enfants qui pleurent.... Epouse ! à toi les cabarets, les estaminets, les cafés !... Joue au billard, aux cartes, aux dominos ! avale du vin, de la bière, des glorias, des liqueurs douces et fortes... Bois, fume, chique.... Grise-toi sans retenue ; entre à la maison en te traînant à peine, dépourvue de tout sentiment et plus morte que vive... Et si un éclair de vie reluit en toi, fais du vacarme... à toi le grand rôle pendant huit jours.

Je crois qu'un tel tableau ne serait pas sans enseignement et sans résultats utiles, et que bien des hommes diraient, se mirant dans leurs femmes et se reconnaissant à merveille : Je ne me croyais pas si laid (1).

_____

(1) Chacun comprendra la nature de mon souhait, la pensée de mon lecteur n'ira pas plus loin que la mienne ; un

Si l'on perd du temps, si les heures destinées à la production sont consacrées à une consommation exagérée, malfaisante, la famille est loin d'y trouver son compte.

Est-il quelque chose de plus précieux que le temps! et ce temps, dont les ailes sont si rapides, sait-on l'apprécier? calcule-t-on son emploi dans l'intérêt de tous ? Nullement. Chacun pense à soi, et encore ces combinaisons à son propre sujet manquent-elles généralement de sens et de logique.

Réduisons l'examen de ceci aux termes les plus vulgaires.

Chacun se dit : Je voudrais travailler peu et gagner beaucoup. Mais que le cordonnier, le tisseur, le tailleur, le chapelier, le maçon, le paysan, tiennent le même langage, agissent en conséquence, et arrivent à leur fin; que leurs journées soient doublées de prix, qu'en trois jours ils obtiennent le salaire de six jours, et que le reste de la semaine se passe en fête; que, comme résultat nécessaire et fatal, les matières premières ayant augmenté comme tout le reste, les souliers se vendent vingt francs, les chapeaux trente, les vêtements au taux le plus élevé; que les loyers, déjà chers, le soient davantage, qu'il en soit de même des aliments. Alors c'est un concert de plaintes sans fin, chacun se récrie, trouve que tout est trop cher, traite rudement le fabricant, le marchand, fait des efforts inouïs pour abaisser le prix des acquisitions qu'il tente. Qu'on serait heureux d'avoir tout pour rien !

Votre salaire est augmenté d'un quart, d'un tiers, de plus peut-être, et c'est justice; moi, je suis votre serviteur, je répands sur vous un grave enseignement; mes peines, mon temps y passent; il me faut supporter un loyer de salle écrasant; j'ai faim comme vous, comme vous je veux manger, et je pense que mon salaire doit s'élever en proportion du vôtre (1). Alors vous vous

tableau grotesque, capable de frapper l'imagination et de donner une leçon ne sera pris que pour ce qu'il est... L'on ne doute pas que je veux le bien et non le mal.

(1) Je donne mes leçons de huit à onze heures du soir; et si un élève vient plus tôt, je ne l'empêche pas de travailler. De 1835 à 1859 j'ai pris 6 francs par mois ; à partir

plaignez, vous contestez, vous prétendez que c'est un tort, et ma bonne étoile ne doit pas marcher de pair avec la vôtre. Quoi! vous voudriez gagner beaucoup en tra-

de cette dernière époque, j'ai pris 8 francs. Le moindre professeur de musique ou de calcul prend 4 franc pour une leçon d'une heure; moi, pour un peu moins de 2 francs par semaine, un peu plus de cinq sous par jour, je suis chaque soir tenu pendant trois heures à la disposition de chaque élève; et l'on sait combien est pénible la démonstration de nos théories appliquées. Les professeurs du Conservatoire des Arts et Métiers démontrent trois jours par semaine, et cela pendant six mois seulement tout au plus; ils reçoivent du gouvernement 6,000 francs par an, qu'ils méritent sans doute. Les professeurs de Trait font un travail incessant, ils ont un loyer à leur charge, peu ou point de monde une partie de l'année, et leur gain est d'une faiblesse extrême; j'en ai la certitude. Combien j'en ai connu, combien j'en ai vu vivre et mourir dans la misère. Si je citais des noms propres, que ce serait affligeant!...

Si je n'avais pas voulu instruire l'ouvrier, l'éclairer, le servir, si je ne lui avais pas consacré mon énergie, j'aurais profité pour moi seul, et je serais presque riche maintenant. Mais j'ai fait du bien... cela me console de tout.

Ajoutons encore les détails que voici:

Je commençai à démontrer le dessin de l'Architecture et du Trait le 1er septembre 1835. Le nombre des élèves s'éleva à dix; il baissa un peu pendant l'été 1836. En septembre, au moment de l'allongement des veillées, de la diminution de la chaleur, il s'éleva jusqu'à dix-huit. En 1837, pendant trois mois de forte chaleur, je perdis du monde; j'en retrouvai ensuite, et l'école alla toujours se fortifiant et se consolidant. Il vint un temps où pendant neuf mois de l'année j'avais de trente-cinq à quarante élèves, travaillant avec un rare entrain : ils dessinaient, modelaient... je voyais sortir de leurs mains des feuilles achevées, des escaliers, des autels, des voussures, des modèles en bois de toutes les sortes, et j'étais heureux du courage, de l'intrépidité de tous ces braves jeunes gens. Dans les plus mauvais jours il me restait de quinze à vingt-cinq élèves, qui bravaient les trop courtes veillées et les rigueurs de la saison. Combien j'ai formé d'élèves, de savants menuisiers; il est peu de villes qui n'en comptent quelques-uns.

De 1835 à 1848, l'école ne fut jamais fermée deux jours de suite. Je fus, à cette dernière date, élu représentant du peuple; l'Assemblée constituante était en fonctions et j'avais encore des élèves. Ne pouvant leur donner des soins assidus

vaillant peu, et vous voudriez me laisser gagner peu en travaillant beaucoup ? Vous voudriez vendre cher votre travail et acheter à vil prix celui de votre voisin, de votre

je dus les renvoyer en juillet et août, espérant les revoir plus tard. En 1851, pour me prémunir contre toute éventualité, je rouvris mon école malgré ma haute fonction politique. Mon exil la fit tomber de nouveau. Je repris mon occupation favorite à Genève en 1852, je formai encore des hommes. Je revins en France en décembre 1855. Je me livrai de nouveau à la démonstration. Je ne trouvai plus aux jeunes gens le même entrain, la même ténacité au travail. Aux premiers rayons du soleil du printemps tous me quittèrent. En octobre 1856, nous reprenons notre cours. Je vis qu'il ne fallait plus compter sur mon école. Ma salle valait 500 francs de loyer; mes élèves me rapportaient environ de 500 à 600 francs. Il ne restait absolument rien pour moi. Sans que l'on s'en doutât, mon travail était tout gratuit. Je démolis plus de la moitié de mes tables. J'employai le devant de l'école à une petite boutique de librairie, et cela dans la pensée de ne pas renoncer complétement à ma vieille tâche de professeur. Je puis recevoir encore vingt élèves. J'atteins à ce chiffre chaque année pendant quelques semaines, puis il baisse insensiblement, et je finis par me trouver seul jusqu'à l'automne.

Cette transformation dans l'ouvrier m'a surpris, je n'ai pas voulu me croire moi-même, j'ai consulté plusieurs professeurs de dessin de théorie appliquée; il en est chez eux comme chez moi. M. Coulon, architecte et professeur, fils de l'auteur du *Vignole des menuisiers*, et qui continue, autant par devoir que par goût, la tâche de son père, me dit que ses remarques sont conformes aux miennes. Il constate que les écoles de la nature des nôtres sont assez désertes, bien qu'elles soient moins nombreuses qu'elles ne l'étaient.

M. Victor Lafosse, l'un des professeurs de Trait les plus savants et les plus célèbres de Paris, auquel je devais me joindre il y a peu de temps pour produire, par nos efforts communs, un vignole de menuiserie d'une grande étendue, m'a fait part de ses pensées, qui concordent parfaitement avec les miennes.

M. Victor Foucault, ancien menuisier, ingénieur, architecte, professeur, enseignant pour tous les corps du bâtiment et la mécanique, se livrant largement à la démonstration de nos théories appliquées, comme M. Coulon, comme M. Lafosse, comme moi et tant d'autres, constate l'inertie de l'ouvrier et la déplore comme nous la déplorons..... On veut sauter des feuilles, on ne veut plus modeler, on com-

ami, de votre frère? Vous vous plaignez que votre épouse
n'est pas rétribuée suivant sa peine, vous achetez une
casquette à une pauvre femme dans la rue, et vous mar-

mence tout, on ne finit rien ; on est là, on pense ailleurs...
on voudrait avaler la science comme on avale un verre de
vin, sans plus d'effort, sans plus de réflexion. La chose est-
elle possible? Qu'on ne perde pas de vue que je parle de la
généralité et que je réserve les exceptions. Si l'on s'ennuie
au travail, si l'on est sans patience, sans énergie, sans volonté forte, si l'élève ne se dit pas : Je veux apprendre, et
j'apprendrai, conçoit-on combien le maître doit avoir à souffrir?...

La situation n'a rien de brillant, et néanmoins il faut avoir
la force de l'exposer tout au long.

On m'affirme ceci. M. Haret, maître menuisier, rue de
Bruxelles nº 10, occupant environ 300 ouvriers, a eu l'heureuse idée de fonder une école de dessin à leur usage. Il a
fourni un local gratuit pour y réunir vingt élèves. L'un de
ses contre-maîtres a été le professeur. Il devait prélever
sur chaque élève une somme très-minime, presque rien,
1 franc ou 2 francs par mois tout au plus. Le nombre des
ouvriers dessinant s'est élevé à quatorze, puis il a fléchi, et
en peu de jours il a été réduit à zéro. Ne voilà-t-il pas quelque chose de significatif?

En 1831, j'allai travailler dans un village de la Beauce, à
Nogent-le-Roi; j'y restai d'avril à octobre. Je pris des élèves
menuisiers et charpentiers. J'en eus constamment de dix à
douze; les chaleurs de juillet et d'août ne purent les ralen-
tir. On ne peut plus maintenant dans Paris même ce qu'on
pouvait alors dans un village de 1,500 habitants. Pourquoi
cela ?

Après le dessin, parlons d'autre chose, et que le lecteur se
persuade bien que ce n'est pas en cachant et niant le mal
que l'on parvient à le guérir.

Gascon l'Ami-du-Trait (Mailhes), l'un de mes plus courageux élèves, que je signale comme un modèle rare à tous
les travailleurs, m'écrit de Lyon que depuis son départ de
Paris il n'a rencontré qu'un seul ouvrier aimant vraiment
la lecture, et surtout la lecture sérieuse, instructive, bien-
faisante; c'est Germain Pàris, de Montbard, jeune affilié plein
d'avenir. Aussi ses camarades l'accusent-ils de s'exposer à
perdre la raison. Que de propos de même nature ont autrefois roulé sur mon compte! Beaucoup s'imaginent que
l'homme a été placé sur la terre pour vivre comme les
bêtes. Le grand nombre est l'ennemi de l'étude. Cependant
il voudrait être bien gouverné ; il ne peut l'être par l'igno-

chandez une heure pour obtenir quelques sous de rabais ; vous ne lui laissez pas un centime de gain si vous le pouvez. Sans doute, le vendeur devrait ne point sur-

rance et la débauche; il ne peut compter que sur l'intelligence et la sagesse.

L'étude rendre fou ! Est-ce que les professeurs, les prêtres, les médecins, les avocats, les notaires, les architectes, les ingénieurs, les juges, les comptables, les administrateurs, les officiers, les généraux, les auteurs, les savants, tous ceux qui ont à se livrer à des travaux de tête, sont plus enclins à cette maladie que les ignorants ? L'étude rendre fou ! qu'on visite les maisons d'aliénés. Combien sont là par excès d'étude? Pas un. Qu'on visite tous ceux qui souffrent du cerveau dans les hôpitaux et ailleurs, et qu'on remonte aux causes ! Combien peuvent accuser l'étude de leurs souffrances? Bien peu assurément. Sans doute les hommes, dans tous les rangs, sont exposés aux maladies les plus diverses, les plus imprévues ; mais n'exagérons rien, et ne parlons qu'après avoir réfléchi.

L'ivrognerie et la débauche causent les plus grands désastres, font des masses de victimes, tuent cent mille fois plus d'hommes que les pestes et les choléras, elles sèment partout la dépravation, la misère, la mort ; et cependant on est pour elles d'une extrême indulgence. On les prône, on les chante même, et c'est l'étude, l'étude seule qu'on accuse. Quelle terrible absurdité. Peut-on se dire homme de raison, homme d'un siècle avancé, et nourrir en soi des préjugés si monstrueux ?

C'est dans les nations les plus ignorantes ou les plus corrompues que l'on trouve le plus d'idiotisme et de folie. Si marcher beaucoup rend les jambes plus solides, penser beaucoup rend le cerveau plus fort, plus sain, plus vigoureux, plus puissant ; je m'en réfère à l'examen et à l'expérience de chacun.

Flatter les gens au lieu de les servir, c'est chose bien facile et parfois bien lucrative, mais c'est lâche; nous devons à nos amis qui s'égarent la sainte vérité, et c'est par là que nous leur prouvons que nous ne sommes pas des courtisans, mais des serviteurs fidèles. D'autres aussi ont vu le mal, et vrais amis du peuple, en ont gémi, plus que cela, ils ont osé pousser une plainte bien formulée. M. H. Leneveux s'exprime ainsi dans la *Revue du peuple* :

« Nous avions déjà éprouvé beaucoup de peine lorsque nos anciens de la démocratie déploraient devant nous l'indifférence et le scepticisme de la génération qui s'élève aujourd'hui ; nous ne croyions pas qu'elle en fût là. »

faire, un enfant devrait pouvoir faire des acquisitions sans être plus trompé que son père ou sa mère. Vendre à faux poids, à fausse mesure, tromper sur le nombre, la qualité, montrer du bon, livrer du mauvais, ce sont là des vols, et je voudrais, à cet égard, une police extrêmement sévère. Mais l'acheteur, de son côté, devrait montrer de la raison; sans quoi on ne voit que tiraille-

Laissons parler **M.** Riche-Gardon, qui accomplit, dans le journal *l'Initiation ancienne et moderne*, une mission morale des plus élevées.

« Tous ceux qui observent et réfléchissent se sont d'abord inquiétés, puis effrayés des allures croissantes de la jeunesse et de l'enfance même, par l'affaiblissement continu des sentiments de respect et du devoir envers les parents et les maîtres, et par suite envers la société, qui n'est plus considérée que comme matière à exploiter, et non comme une mère protectrice qui nous est tutélaire en proportion de notre amour pour elle. »

Monsieur Eugène Delahaye, dans le *Constructeur universel, journal des entrepreneurs*, aborde nettement la question et se plaint d'un résultat funeste.

« Notre siècle sceptique et blasé, dit-il, a ri souvent des titres glorieux que le Compagnonnage décerne au mérite, des insignes que les Compagnons portent dans les cérémonies, en un mot, de tout ce qui fait le prestige de cette institution. C'est à tort, et un tort dont on sent cruellement les effets aujourd'hui par la rareté des bons ouvriers. »

C'était en faveur des ouvriers, de leurs études, de leur avenir que nous demandions, que nous votions, en 1848, le décret qui réduisait à dix heures la longueur de leur journée de travail; que, d'autre part, nous plaidions avec énergie pour accroître leur salaire, alors descendu au taux le plus bas. Nous voulions qu'ils eussent le temps le soir, après le rude labeur, de se livrer au dessin, à la lecture, à la musique, à la méditation. Nous voulions un peuple instruit, éclairé, généreux, grand, capable de se conduire lui-même. Nous sommes heureux de ce que nous avons fait, de ce que nous avons voulu faire... mais le résultat n'a pas couronné notre attente. Si les heures que nous avons demandées pour accroître le bien sont consacrées à accroître le mal, comment n'en gémirions-nous pas ?...

Ouvriers, relevez-vous ! accomplissez votre mission. Pères, mères, patrons, associations diverses, philanthropes, hommes de bien de toutes conditions, secondez-nous... La tâche est rude et le concours de tous est nécessaire.

ment et rapine. Ce que je demande n'est pas impossible, puisqu'on le pratique en Angleterre, où l'on traite généralement à prix fixe.

Vous voulez que votre travail soit convenablement rétribué, rétribuez avec la même convenance le travail d'autrui ; vous voulez que vos supérieurs vous parlent avec respect, ayez les mêmes procédés pour ceux qui vous servent; point de brutalité envers qui que ce soit: soyez doux envers l'apprenti, la fille d'auberge, tous ceux à qui vous commandez par instant. Vous voulez n'être la victime de personne, vous voulez que qui vous doit vous solde, ne prenez non plus personne pour victime ; et que le traiteur, le logeur, le tailleur, le boulanger, le cordonnier, vos fournisseurs ou vos créditeurs n'aient jamais à se plaindre de vous. Soyez probes et exigez la probité; mais que le fripon se taise et rougisse, ses prétentions nous font pitié.

Vous êtes ouvriers, mais vous serez maîtres un jour, et si vous êtes équitables dans votre première condition, vous le serez dans la seconde ; si vous êtes tout pour vous là, il en sera de même ailleurs. Le tyran est partout tyran et l'homme juste partout juste.

Si, ouvrier, vous tourmentez le maître, maître, vous tourmenterez l'ouvrier. Méchant d'une façon, vous le serez de l'autre; intraitable en bas, vous le serez en haut. Il n'y a de salut pour tous que dans l'esprit de justice.

Préservons-nous de l'égoïsme, qui veut, en toute occasion, tous les avantages pour lui seul. Je veux que justice vous soit rendue; je veux que le travail vous rende heureux ; je veux qu'aucun droit ne soit supérieur à votre droit; mais, de votre côté, soyez consciencieux, soyez justes pour tous, que votre cœur ne soit pas insensible aux misères d'autrui et, en toutes circonstances, faites comme vous voulez qu'il vous soit fait.

Encore deux mots sur la même question.

Si l'ouvrier les jours de flâneries buvait un peu moins de vin, sa femme, sa famille, lui-même en boiraient un peu plus dans l'intérieur du ménage, en mangeant, et cela leur ferait du bien à tous; si l'ouvrier allait un peu moins au cabaret, à l'estaminet, il resterait un peu plus dans l'atelier, il ferait un peu plus de travail, un peu moins de folles dépenses; sa santé, celle des siens serait meilleure, et, en outre, il réaliserait des économies qu'on emploierait au profit de la maison. Il aurait des meubles, du linge, des livres, des tableaux, un certain confortable relatif, ses enfants seraient instruits, son intérieur aurait du charme pour lui, et sa vie serait plus heureuse. En achetant il ferait travailler différents métiers, les travailleurs se feraient travailler les uns les autres, et le résultat serait des plus imposants. Mais si nous n'achetons que du vin, de la bière, des liqueurs, des cigares, du tabac; si les cabarets, les estaminets, gouffres toujours béants, engloutissent tout notre salaire, que pouvons-nous faire pour les autres industries et le commerce en général? Oui, ce n'est que trop vrai, il est des misères en bas, des hommes, des femmes, des familles écrasés sous le poids de la fatalité... Il ne faut pas les abandonner, il faut s'empresser d'aller à eux, il faut une vaste solidarité ; mais si nous voulons avoir la puissance de faire le bien, il faut en avoir la ferme volonté... Il dépend de nous, avec de la conduite, du bon vouloir, une sainte énergie, de pousser la société vers une voie meilleure, et de la faire atteindre à ses hautes destinées.

J'ai décrit, exposé, commenté ce qui m'a frappé, ce qui me frappe et m'attriste. D'où vient cet abattement des foules, cette indifférence, cette absence d'idéal? Pourquoi tant d'hommes font-ils un Dieu de leur ventre ?... Cette décadence doit-elle durer? Non, non, impossible. La tribune est relevée, la presse devient libre, l'homme pourra examiner, raisonner, discuter ; au lieu de s'occuper sans cesse de lui-même, il s'occupera des affaires de la nation, de tous les peuples, du bien à réaliser... Son âme et son intelligence s'élèveront, son cœur battra pour l'humanité, et les pensées de progrès et d'amour circuleront de nouveau dans les masses. Il est de braves gens qui disent : La liberté a bien des inconvénieuts. Soit; mais de combien ses avantages sont supérieurs ! toutes les grandes choses viennent des peuples libres... les autres n'ont fait que végéter, que ramper... consultez l'histoire... Mais assez sur cette matière (1).

(1) Quand la vie publique périt dans une nation, la vie animale prend le dessus chez la masse des hommes; on pense aux intérêts matériels, à la richesse, au chacun pour

« Je jette mes pensées, mes idées; je veux que chacun réfléchisse, se connaisse et, en même temps, puisse juger de la situation. Poursuivons notre œuvre, et abordons de nouveau la question des associations du Tour de France.

Oui, on a trop bafoué le Compagnonnage, trop décrié toute organisation, tout ensemble, toute contrainte, tout devoir, tout dévoûment, toute foi vigoureuse. Chacun a pensé à soi, à son intérêt privé, a grandi son moi à la hauteur d'une montagne, et l'on est tombé dans l'anarchie, la confusion, l'indifférence. Le cœur et l'âme y ont perdu, il n'est resté que le côté railleur et mesquin de l'esprit, ce qui détruit et non ce qui fonde. Les liens de l'association, surtout le Tour de France, se sont relâchés; des multitudes d'ouvriers se sont jetés dans l'isolement, foulant aux pieds toute obligation, tout sentiment de mutualité.

Au lieu d'être pris par la main par le Rouleur, appuyé d'une Société, ils vont se présenter d'eux-mêmes aux patrons (1), chapeau bas, un peu honteux, et ceux-

soi, on dédaigne la gloire, on raille l'humanité, et tout s'affaisse et languit. Alors on se trouve sur la pente rapide d'une terrible décadence. Mais nous sommes la France, et reculer toujours n'est pas dans notre nature. Notre esprit doit se rallumer et répandre de nouveau sa clarté sur toutes les nations du monde.

(1) Dans le temps ceux qui se présentaient ainsi chez les maîtres et vivaient en dehors du compagnonnage recevaient le sobriquet d'Espontons, et étaient très-mal vus parmi les ouvriers voyageant en association. Maintenant les Espontons, ou les isolés, sont les plus nombreux, triomphent, et c'est le principe d'isolement, d'égoïsme qui fait la guerre au principe d'unité et de fraternité. Les conséquences en sont-elles heureuses? Nullement. De l'isolement résulte le défaut de surveillance, de conseils, de direction sur le grand nombre, et l'inconduite le plus souvent. Il résulte aussi pour l'ouvrier le défaut de protection auprès du maître et, en outre, le défaut de garantie en faveur de l'aubergiste. Une société forte et morale doit veiller à ce que justice soit faite en haut et en bas, de toutes les manières. Les ouvriers indélicats nuisent aux honnêtes, font des multitudes de suspects, jettent partout la défiance, la perturbation... Quand le crédit manque, qu'on n'accuse pas ceux qui le refusent, mais ceux qui l'assassinent chaque jour autant qu'ils le peu-

7.

ci les reçoivent froidement, rendant ou ne rendant pas le salut. Si le travail devient rare c'est une avalanche de travailleurs tombant dans tous les ateliers, qui en sont fatigués, incommodés, et les repoussent à l'instant. Alors la faim torture bien des estomacs... L'isolement, qui vit en dehors de toute surveillance, ne donne point de garantie, et le crédit, qui connaît ses nombreuses indélicatesses, se met en fuite à son approche (1). Que de misères alors ! Si le travail reprend avec force, c'est au patron à chercher des ouvriers, à éprouver de l'inquiétude, à digérer plus d'une humiliation; il n'y a plus, dans de certains métiers, de ces grands centres qui réunissaient les foules, qui les disciplinaient, les moralisaient et où l'on pouvait se procurer des travailleurs en toute sécurité. Il y avait des hommes pour chaque genre de travail, et s'il fallait, pour une œuvre savante, un ouvrier hors ligne, on le faisait venir de deux cents lieues si on ne pouvait le tirer de plus près. Se trouvait-il trop d'ouvriers sur un point de la France, les sociétés faisaient voyager et dégarnissaient ce lieu; en manquait-on au contraire, avis était donné de toutes parts; les villes avaient entendu l'appel; les Compagnons se mettaient en mouvement; on appuyait vers le côté signalé,

vent par leurs turpitudes, leur indignité. Si tous les ouvriers remplissaient leurs devoirs, ceux qui nous servent feraient mieux leurs affaires, n'auraient pas besoin de se rattraper sur les uns des méfaits des autres; ils prendraient tout au comptant, chez eux tout serait moins cher, de meilleure qualité, et nous retirerions tous de la probité de tous nos frères un immense avantage.

(1) Nous parlons du crédit, il n'est pas toujours en fuite, Parmi les traiteurs, les aubergistes, les logeurs, les uns sont intraitables; il leur faut de l'argent comptant, sans quoi point de pain, point de vin, point de viande, point de lit; et ils réussissent généralement; ils font des affaires; les autres sont bons, dévoués, sensibles, incapables de voir souffrir; ils rendent des services. Un homme est-il malade, sans travail, ils accordent de longs crédits... Qu'en résulte-t-il? des pertes horribles, des chutes de maisons, des faillites.... Avec de fortes associations, une active surveillance..... un peu de cœur dans les poitrines humaines... ces malheurs seraient moins fréquents. J'appelle, sur ce grave sujet, la méditation de tous les honnêtes gens.

et l'on arrivait à mettre partout en rapport l'importance des travaux et des bras nécessaires à leur exécution. Voilà ce que les gouvernements ignoraient et ce que, généralement, l'on était partout loin de soupçonner.

Entre l'ouvrier et le patron la confiance baisse... On se prend, on se quitte avec un rare sans-façon. On ne voit plus de ces fêtes générales donnant la vie partout, ces manifestations de toute une corporation faisant éclater sa joie et son enthousiasme ; ces bals donnés et rendus entre maîtres et compagnons, où tous les rangs se mêlaient et fraternisaient (1) ; ces dîners familiers, appelés *pâtés de veille*, que les patrons donnaient à leurs travailleurs au moment d'allonger la journée par la clarté des lumières. Autre malheur ! les ouvriers du même atelier, provenant de plusieurs centres, de plusieurs auberges, étrangers, indifférents les uns aux autres, ne se prêtent plus le même appui ; et il arrive que le jeune homme inexpérimenté, qui aurait besoin d'un conseil salutaire, reçoit un avis perfide qui l'égare et lui fait gâter son ouvrage. Puis on rira sous cape du malheur d'un pauvre frère. L'étude languit, la moralité baisse, le cerveau se rouille, l'âme s'étiole, les bons ouvriers s'éclaircissent ; continuer une telle marche, c'est arriver aux abîmes... Cherchons une voie meilleure.

Un ouvrier fait son tour de France ; il veut s'instruire. Le voilà chez un savant patron. Il fait des ouvrages d'art, il se perfectionne, on lui donne des soins ; il apprend à devenir maître à son tour. Mais il ne gagne que 3 fr. 50 par journée ; on lui en offre 4 pour aller rifler des planchers, travaux qui ne lui apprendront rien, qui ne serviront ni sa main, ni son esprit... Il se déplace à l'instant. Que c'est mal comprendre ses intérêts ! Peut-on renoncer à la science, à son avenir pour un surcroît de salaire de dix sous par jour ?... pendant que vous êtes jeunes, préférez votre instruction, votre développe-

(1) Les ouvriers donnent encore des bals ; ils font danser les patrons ; les patrons ne font plus danser les ouvriers, il n'y a plus réciprocité. Puissent-ils reprendre ce qu'il y avait de bon dans leurs vieilles coutumes ; il ne faut pas que la vie soit trop triste, trop prosaïque ; le cœur et l'âme ont besoin d'expansion et de joie. Gardons-nous de l'oublier.

ment à toute chose. Oui, il faut que tous les travaux se fassent; mais quand une bonne chance se présente à vous, ne la repoussez pas.

Il est, de nos jours, des hommes, et en grand nombre, qui disent : « A quoi sert d'approfondir un métier? les ouvriers ignorants gagnent autant que les autres. » C'est mal raisonner. D'ouvriers, vous êtes appelés à devenir patrons, tous ceux qui dirigent des établissements et commandent à des travailleurs ont été ouvriers avant d'être maîtres. Le savoir les sert et les honore. Il est des maîtres instruits qui ne réussissent pas; je n'en recherche nullement les causes, elles sont diverses; mais, ignorants, ils n'eussent pas réussi davantage. Il se trouve des maîtres ignorants qui réussissent, font de grandes affaires... C'est qu'ils ont du caractère, de l'activité, l'esprit d'entreprise, de l'ambition, la manière de choisir leurs hommes et de les diriger; et ils eussent encore mieux réussi si le talent les eût secondés. Le savoir sert, évite une foule de tourments, de préoccupations, d'ennuis, d'affronts parfois à celui qui le possède. Mais dût-on, même en le possédant, ne pas prospérer, il faut encore le désirer et le chérir, parce qu'il nous élève comme homme, qu'il nous donne des satisfactions intimes et nous attire du respect. Chaque ouvrier veut habiller son corps, le faire briller; il est fier de ressembler à un riche, à un noble s'il est possible. Pourquoi n'aurait-il pas la même ardeur à parer son esprit? Le corps aura le premier rang et l'esprit le dernier ! vous serez beau sur votre enveloppe, et, dans votre intérieur, vous serez tout ce qu'il y a de plus commun, de plus laid, de plus ignare. Ce serait agir comme des enfants, non comme des hommes.

Qui rend l'homme si faible, si peu soucieux de sa gloire? Son isolement, de faux principes, le trop peu de puissance des associations aux formes poétiques, qu'on a trop abaissées.

Non, non, plus d'attaques contre le Compagnonnage... Il met en rapport le maître et l'ouvrier, donne des garanties à tous les deux, facilite le voyage, le travail, l'étude... il est l'appui de la probité; il frappe le vice, l'impudeur de réprobation. Sa surveillance est incessante, il excite l'émulation ; ses fêtes, ses chants grandissent l'homme.

Gardons-nous de le dédaigner ! Respect à ses cannes, à ses couleurs... elles sont une récompense du mérite, un trophée conquis par l'étude, par de bonnes actions, par des services rendus... De retour au pays, elles honorent le jeune homme aux yeux de ses concitoyens... Applaudissons à de si belles choses.

Compagnons menuisiers, rapprochez-vous et consommez votre fusion... Que ce sera beau de voir tous nos jeunes gens, tous nos vieux maîtres en fraternité... Quel beau jour que le jour de l'inauguration de cette grande idée, de ce grand fait !... Comme les cœurs battront ! Que de bonheur !... Tailleurs de pierre, Charpentiers, Serruriers, corps divers, suivez-nous dans une voie si féconde; que le Tour de France s'élève à la hauteur d'une vaste et sublime école... Du mouvement ! de l'action !...

Jeunes ouvriers, allez voyager ! le travail et la protection ne vous manqueront pas. Des sociétés vous attendent; soyez-en membres, rangez-vous sous leurs bannières sans orgueil, sans ostentation, avec le sentiment du devoir. Soyez l'avenir du Compagnonnage, donnez-lui de la force, de la vie, la possibilité de faire de grandes choses. Soyez Affiliés, Aspirants, Attendants, soldats de l'industrie, et chefs plus tard. Mais travaillez, acquérez toutes les connaissances qui doivent faire votre gloire, votre profit, votre bonheur.

Je ne vous défends pas de faire quelques parties de plaisir, de célébrer de pompeuses fêtes, de vous livrer à la joie. Oui, de temps à autre, riez, chantez, amusez-vous; mais respectez votre nature d'homme, ne vous dégradez pas.

Ouvriers, apprenez sans cesse, et ne vous bornez pas à connaître le métier qui vous est propre; sachez encore quelque chose des métiers qui l'avoisinent : étendez la sphère de vos connaissances.

Tout ouvrier, de quelque état qu'il soit, doit savoir un peu de géométrie : rien de tel pour élucider le cerveau; un peu d'architecture, ce qui lui permettra d'apprécier les monuments auxquels il doit faire visite. Il lui faut une carte de France, le plan des villes où il se journera, une géographie et autres livres qui doivent l'aider dans ses voyages et lui présenter le tableau des populations qui se trouvent sur son parcours. Il faut profiter des voyages; sans quoi, mieux rester chez soi.

Les avocats, les avoués, les notaires ont des livres de droit, de jurisprudence, de législation; les médecins, les chirurgiens possèdent les œuvres de leurs plus savants docteurs et les consultent sans relâche; les architectes, les ingénieurs ont une bibliothèque bien fournie de tous les grands traités qui peuvent les intéresser, les éclairer, et ils fouillent là comme dans une mine d'or. Les artisans n'agissent pas de même. Ils font leur Tour de France dans la pensée de s'instruire; retournent dans leurs pays pour ouvrir un établissement; ils devraient, non-seulement avoir dessiné, mais encore posséder des vignoles, des traités d'architecture, de trait, de géométrie; des manuels utiles, des livres de menuiserie, de charpenterie, de coupes de pierre, d'ornements, de serrurerie, de distribution de maisons de ville et de campagne; des modèles de travaux de toutes les sortes, portes, devantures, lambris, meubles, fauteuils; et ici je ne parle pas à quelques hommes, mais à tous les corps d'états. Il y a pour tous d'utiles publications. Les travailleurs devraient les connaître, se les procurer; il n'en est rien : un ouvrier sur cent possède un volume.

On a voyagé, bu, mangé, folâtré, prodigué le temps, l'argent, la vie : voilà tout. On eût pu, en quatre ou cinq années, et peu à peu, dépenser une centaine de francs en bons livres, en précieux instruments de travail; on l'a dédaigné. L'estomac est le seigneur, le cerveau est l'esclave et traité comme tel : pour lui, nul sacrifice... et cette injustice fait le malheur de la société. Qu'il n'en soit plus ainsi à l'avenir.

Parents, veillez sur vos fils, et qu'ils ne reviennent plus auprès de vous, après un long voyage, sans s'être largement pourvus des traités relatifs au travail; ce sont là des dépenses productives, fructueuses, qu'une seule entreprise peut payer avec usure (1)... Malheur à qui

(1) Pour faciliter, dans les villes et les campagnes, les ouvriers, les patrons, les sociétés à se procurer les livres dont ils ont besoin et à former leurs bibliothèques, je donne la note que voici :

méprise mes avertissements. Plus d'apathie, d'indifférence, d'oubli des vrais intérêts de l'homme, et le Tour de France sera compris et béni de la population tout entière.

Les cinq Ordres d'Architecture, par De la Gardette.	12 fr.
Traité de la Coupe des Pierres, par De la Rue.	20 fr.
Coupe des Pierres, par Adhémar.	32 fr.
Traité Elémentaire de la Coupe des Pierres, par Simonin.	12 fr.
L'Art de Bâtir, par Rondelet.	125 fr.
Maisons de Ville et de Campagne, 90 planches.	26 fr.
Le Vignole des Ouvriers, 4 parties, par Normand.	44 fr.
Modèles de Marbrerie, par Bury.	25 fr.
Charpente Générale, par Cabanié.	60 fr.
Traité de Charpente, par Krafft.	90 fr.
Charpenterie, par le colonel Emy.	92 fr.
Charpente, par Adhémar.	40 fr.
Art du Trait de Charpenterie, par Fourneau.	40 fr.
Nouveau Traité de Charpente, par Demont.	8 fr.
Prix des Travaux du Bâtiment (Tarif Morel).	10 fr.
Modèles de Machines, par Leblanc.	30 fr.
Le Vignole des Menuisiers, par Coulon.	20 fr.
L'Art du Menuisier, par Roubo, 6 volumes, 382 planches.	150 fr.
L'Alphabet du Trait, par Delaunay.	10 fr.
Modèles de Menuiserie, par Bury.	22 fr.
Menuiserie, portes, devantures, etc., par Demont.	8 fr.
Album du Menuisier Parisien, par Guilmard.	20 fr.
Le Menuisier moderne, par Guilmard.	15 fr.
Tarif de Menuiserie, par Colin.	5 fr.
Traité complet de l'évaluation de la Menuiserie.	12 fr.
Album de l'Ebéniste, avec coupes et profils, en noir.	20 fr.
Même ouvrage, colorié (Jensen).	25 fr.
Album des meubles, en perspective. Noir, 22 fr., colorié.	80 fr.
Album des siéges. En noir, 22 fr., colorié,	32 fr.
Petits Albums de poche, Meubles, en noir, 5 fr., coloriés.	6 fr.
Petits Albums de poches, Siéges, en noir, 5 fr., coloriés.	7 fr.
Feuilles détachées. Ebénisterie, Menuiserie, de 60 à 75 c.	
Modèles de Serrurerie, par Bury.	20 fr.
Vignole de Serrurerie, par Demont.	8 fr.
L'Art du Serrurier, par Hoyau.	12 fr.
Le parfait Serrurier, par Berthaux.	9 fr.
L'Ouvrier Mécanicien, par Armengaud.	4 fr.

Le Compagnonnage doit se montrer large, fraternel, et, ainsi que la franc-maçonnerie, qui compte des rois, des princes, des magistrats, des généraux, des savants,

La Maison Rustique, Agriculture générale.   39 fr. 50 c.
Guide du Cultivateur du Midi de la France.   7 fr.
Agriculture pratique.   2 fr.
Le Jardinier de tout le monde.   3 fr. 50 c.
MANUELS RORET. — d'Architecture, 7 francs; — de Coupe des Pierres, 5 fr.; — du Charpentier, 3 fr. 50 c.; — du Menuisier Ebéniste, 7 fr.; — du Serrurier, 3 fr. 50 c.; — du Maçon, Plâtrier, Couvreur, 3 fr.; — du Peintre en Bâtiment, Vitrier, Doreur, 3 fr.; — du Tourneur : Traité complet, 12 fr.; — du Forgeron, Maréchal, Taillandier, 3 fr.; — du Vétérinaire, 3 fr.; — du Charron et Carrossier, 6 fr.; — du Cordonnier-Bottier, 3 fr.; — du Bourrelier et Sellier, 3 fr.; du Chamoiseur, Mégissier, etc., 3 fr.; — du Tisseur, dessin et fabrication, 15 fr.; — du Tisserand, 3 fr. 50 c.; — du Teinturier en Soie, Laine, etc., 3 fr. 50 c.; — du Tonnelier, Boisselier, Tamis, etc., 3 fr.; — du Tanneur et Corroyeur, 3 fr. 50 c.; — du Boulanger, Négociant en blé, etc., 7 fr.; — du Cultivateur français, 5 fr.; — du Fermier, ou Agriculture simplifiée, 2 fr. 50 c.; — du Jardinier, 5 fr.; — d'Arithmétique, 2 fr. 50 c.; — du Bijoutier, 7 fr.; — du Chapelier, 3 fr.; — du Tailleur d'habits, 2 fr. 50 c.; — du Cordier, 2 fr. 50 c.; — du Coutelier, 3 fr. 50 c.; — du Dessinateur, 3 fr. 50 c.; — du Fabricant d'Escaliers en bois, 5 fr.; — du Ferblantier et Lampiste, 3 fr. 50 c.; — du Fondeur sur tous métaux, 7 fr. 50 c.; — de Géographie de la France, 2 fr. 50 c.; — de Géographie générale, 3 fr. 50 c.; — de Géométrie, 3 fr. 50 c.; — du Tapissier, 2 fr. 50 c.; — du Métreur et du Vérificateur en bâtiments, deux parties, 5 fr.

Me préoccupant, je le répète, de la création des bibliothèques des travailleurs, associés ou non, je continue mon énumération :

Histoire de France, par Henri Martin, 17 volumes à 5 fr. (les gravures, 16 fr. en plus).   85 fr.
Histoire de France par Bordier et Charton, 2 volumes.   15 fr.
Histoire de France par Duruy, 2 volumes.   7 fr. 50 c.
Essai sur l'Histoire de France, par Guizot.   3 fr. 50 c.
Analyse de l'Histoire de France, par Chateaubriand. 3 fr.
Histoire de la Révolution, par Thiers, 10 volumes. 35 fr.
Histoire de la Révolution, par Villaumé.   6 fr.
Histoire de Paris, par Dulaure.   40 fr.
Histoire des Voyages autour du monde, par Hatin. 12 fr.

des puissants, des riches, des pauvres dans son sein,

Chronologie universelle, par Dreyss,	6 fr.
La Terre et l'Homme, par Maury (Alfred).	5 fr.
Histoire de la Littérature française, par Demogeot.	4 fr.
Géographie universelle de Malte-Brun.	80 fr.
Dictionnaire national de Bescherelle.	50 fr.
Abrégé du Dictionnaire de l'Académie.	10 fr.
Petit Dictionnaire, par Napoléon Landais, relié.	3 fr.
Un Million de Faits.	9 fr.
Biographie portative universelle.	8 fr.
Patria, ou la France ancienne et moderne.	9 fr.
Cartes de France, d'Europe, Plan de Paris, à	1 fr.
Guide de l'Etranger à Paris.	2 fr.

Ouvrages à 3 francs le volume :

Théâtre de Molière, 2 vol. ; — de Regnard, 1 vol. ; — Théâtre choisi de Voltaire, 1 vol. ; — de Corneille, 2 vol.; — Tragédies de Racine, un vol. ; — Henriade de Voltaire, 1 vol.; — OEuvre de Boileau, 1 vol.; — Choix de Buffon, 2 vol.; — de Bernardin de Saint-Pierre, 2 vol. ; — Fables de La Fontaine, 1 vol. ; —Discours sur l'Histoire universelle de Bossuet, 1 vol. ; — Télémaque de Fénelon, 1 vol.; — OEuvres de Montesquieu, 2 vol.; — OEuvres de J.-J. Rousseau : son Emile, 1 vol.; sa nouvelle Héloïse, 1 vol.; ses Confessions, 1 vol.; ses Discours et ses petits chefs-d'œuvre, 1 vol.; — Un Choix de Florian, 1 vol.; — Révolution du Globe, par Cuvier, 1 vol.; — Robinson Crusoé, 1 volume.

La Sainte Bible, reliée.	5 fr.
Le Nouveau Testament, cartonné.	1 fr.
Les Moralistes Anciens.	3 fr. 50 c.
L'Iliade et l'Odyssée d'Homère,	3 fr. 50 c.
L'Enéide et les Géorgiques de Virgile.	3 fr. 50 c.
La Jérusalem délivrée du Tasse.	2 fr. 50 c.
Poëmes d'Ossian.	3 fr. 50 c.
Discours de Démosthène.	3 fr. 50 c.
Théâtre Schiller, 2 vol.	7 fr.
Paroles d'un Croyant, etc., de Lamennais.	3 fr. 50 c.
La Case de l'Oncle Tom.	2 fr. 50 c.
Chansons de Béranger.	3 fr. 50 c.
OEuvres posthumes de Béranger.	3 fr. 50 c.
Chansons de Pierre Dupont.	4 fr. 50 c.
La Mer, par Michelet.	3 fr. 50 c.
Méditations de Lamartine.	3 fr. 50 c.
Nouvelles Méditations, de Lamartine.	3 fr. 50 c.

On a publié, à 1 franc le volume, une partie des œuvres de Chateaubriand, de Victor Hugo, de Lamartine, de

ne repousser aucun métier (1); j'attache à cela une
importance capitale.

Quoi! me dira-t-on, vous accordez à tout ouvrier,
du moment qu'il est honnête et capable dans sa partie,
le titre de Compagnon? — Oui, vraiment. — Au cordonnier, au boulanger, au tisseur, au sabotier, au maréchal? — Sans doute, et, je vais vous étonner, je ne
repousse pas même le paysan. — Est-ce possible? —
C'est la vérité. — Expliquez-vous donc? — Très-vo-
lontier; écoutez-moi : Qu'un menuisier sache faire avec

Georges Sand, d'Alexandre Dumas, d'Eugène Sue, d'Émile
Souvestre.

Le Compagnon du Tour de France, par Georges Sand. 2 fr.
Le Conseiller des Compagnons, par Chovin.   2 fr.
Etude sur le Compagnonnage, par Simon.   2 fr. 50 c.
Histoire d'un Enfant du Peuple, par Giraud.   1 fr. 50 c.
Bible des Travailleurs, par Giraud.   1 fr.
Le Livre du Compagnonnage, par A. Perdiguier, édition
de 1857.   3 fr. 50 c.
J'ai publié aussi une Histoire Démocratique des Peuples
Anciens, que je cite bien que j'en sois l'auteur, parce qu'il
y aurait, suivant moi, modestie ridicule à ne pas recom-
mander ce qui, dans notre conviction, doit instruire le
lecteur et servir le peuple. Il y est question des Hébreux,
des Assyriens, des Éthiopiens, des Egyptiens, des Chinois,
des Indiens, des Perses, des Grecs, des Siciliens, des Car-
thaginois. 7 volumes à 1 fr. 25 c.   8 fr. 75. c.
Les Romains viendront plus tard.
Voir pour plus de détails sur les livres utiles, le *Livre du
Compagnonnage*, tome II, pages 183, 184, 185 et page 274,
Voir aussi les couvertures de mes diverses publications.
Puisse-t-on profiter de tous mes renseignements !
Ceux qui ne pourraient se procurer des livres dans les
localités qu'ils habitent, peuvent s'adresser directement à
moi, et je satisferai à leur demande.
Si l'on veut recevoir franco, il faut ajouter au prix d'a-
chat, pour les vignoles et livres à gravures, 10 centimes
par franc pour les frais de poste, et pour les autres livres,
beaucoup plus lourds en proportion de leurs prix, car à la
poste on paie au poids, 15 centimes par franc.
Je puis aussi expédier des boîtes de compas et tous les
objets relatifs au dessin, v. 132.
(1) La franc-maçonnerie reçoit les ouvriers de tous les
états ; les paysans, les domestiques comme les plus riches
bourgeois, les soldats comme les généraux. Elle ne fait au-

goût une croisée, une persienne, une porte, tous travaux qui n'exigent aucune méditation, que sa conduite soit honnête, vous le recevez Compagnon. — Et il le mérite. — J'en conviens ; mais le paysan qui sait, avec goût aussi, bêcher, faucher, labourer, tailler, greffer ; qui sait en quel temps il faut semer ceci, planter cela, et puis quel terrain est propice à tels grains, à tels plants, à telle culture ; qui sait soigner le jardin et la ferme dans tous leurs détails, tirer de la terre tout ce qu'elle peut produire sans l'épuiser jamais ; eh bien ! ce paysan, ce cultivateur, cet agronome, que je suppose aussi honnête qu'habile, je ne reculerai pas à le faire Compagnon si la majorité de mes frères voulait donner dans mon sens ; et sa gloire, si je ne m'abuse, marcherait de pair, sans trop d'efforts, avec la gloire d'un menuisier ou d'un charpentier.

Que répondront à cela mes interlocuteurs ?

Je le répète, je ne repousse personne, et si je ne bats pas des mains à l'orgueil d'un puissant, je ne m'inclinerai pas davantage devant les prétentions peu fondées du simple ouvrier mon camarade.

Que veux-je donc ? des Sociétés serviables, imposantes, des travaux consciencieux, des progrès partout, de la fraternité, de l'unité, une pensée d'avenir.

Compagnons, Sociétaires, ayez des écoles de dessin de théorie pratique, des livres, des tableaux, des feuilles d'architecture, de trait, des modèles en grand nombre ;

cune différence entre les hommes de toutes les nations..... Elle ouvre ses bras à la probité, à l'honnêteté, d'où qu'elles viennent. Pourquoi le Compagnonnage, composé de travails leurs, se montrerait-il plus haut, plus fier, plus exclusif, plus aristocratique que l'institution régie par les plus hauts personnages de l'Europe et du monde ? Encore une observation. Nos académies reçoivent des juifs, des protestants parmi leurs membres ; les rois, les empereurs en comptent au nombre de leurs ministres ; les peuples en choisissent parmi leurs représentants, leurs députés, et leur accordent confiance... Pourquoi les Compagnons du Devoir agiraient-ils tout autrement, seraient plus exclusifs, moins tolérants, moins philosophes, plus enfoncés dans les principes du moyen âge ? Voulons-nous que notre institution prospère ? soyons de notre temps.

que vos chambres, que vos salles soient des musées, des académies... Faites-vous des visites mutuelles, réciproques; voyez les travaux exécutés et ceux en voie d'exécution chez toutes les Mères, dans toutes les Cayennes... Frappez la vue, l'imagination de vos jeunes hommes... Qu'ils soient mis en présence des chefs-d'œuvre de nos métiers, de nos arts, et qu'ils ambitionnent de devenir de grands et illustres travailleurs. Pour exciter davantage, mettons aux prises, si vous le voulez, nos meilleurs élèves, nos plus savants ouvriers : que leurs cerveaux, que leurs mains enfantent des merveilles !... Couronnons le vainqueur; mais ayons aussi des applaudissements et des récompenses pour ceux qui le suivent de près. Qu'il y ait donc, à côté du premier prix, des prix secondaires, et que tout bon ouvrier soit toujours considéré comme tel. Par là nous servirons le progrès dans les métiers, les arts, l'instruction, l'ordre, la moralité, et tous les gens de bien nous en tiendront compte.

Fortement liés les uns aux autres, nombreux chez les Mères, l'isolement ayant fait place à l'unité, l'égoïsme à la fraternité; concentrés, fortifiés, formant de vraies ruches humaines, renouvelons avec nos patrons nos antiques alliances, dans l'intérêt de tous, pour la gloire de tous.

Comme par le passé, ayons la foi, la foi au bien, et encourageons à toutes les grandes et bonnes choses.

Puisse mon appel être entendu !

O vous tous, qui voulez de la gravité, de l'étude, de la sagesse en bas, gardez-vous de rire de nos cannes, de nos couleurs, de nos insignes, qui excitent à s'élever et, en définitive, servent au bien général. Ne soyez pas plus rigoureux pour les Compagnons que pour les grands de la terre.

Dans l'armée, l'on obtient des galons de diverses natures, des pompons, des plumets, des panaches, des épaulettes en argent, en or, à graines d'épinards, à étoiles, des médailles, des croix, des crachats; on porte des écharpes, des habits chargés de broderies magnifiques; les juges, les prêtres, les dignitaires de l'Eglise, les membres des académies, des grands corps de l'Etat, ont des uniformes, des décorations, du brillant parfois, et ces hommes instruits, savants, planant sur les foules, jeunes ou vieux, ne se déplaisent pas dans les plus riches costumes... et le public les regarde avec admiration.

Si l'on applaudit à la diversité des grades, à la variété des insignes en haut, pourquoi en bas, chez les compagnons, qui n'ont pas d'uniforme particulier, qui sont vêtus comme tout le monde, faire la guerre à leurs rubans, à leurs faveurs, à leurs attributs, dont-ils ne se parent que les jours de certaines fêtes, en des cérémonies particulières, qu'ils ont conquis par le travail, par l'étude, par une bonne conduite, dont ils font eux-mêmes les frais, qui ne coûtent rien à l'Etat, et qui le servent cependant sans qu'il s'en soit douté jusqu'à ce jour, parce qu'il n'était pas assez renseigné sur leur portée et leur signification. S'il faut du stimulant pour faire le bon soldat, pourquoi pas pour faire le bon ouvrier et le bon Compagnon?

Le Compagnonnage excite au travail, à l'étude, à la propreté, à la bienfaisance, à la reconnaissance, et, régénéré, agrandi, retrempé dans l'esprit religieux et philosophique, qui peut calculer tout le bien que nous devons en attendre dans un avenir peu reculé!

Jeunes ouvriers, allez voyager! L'amitié, la sympathie vous attendent de toutes parts! Plus d'ennemis sur le Tour de France, mais des amis partout, dont la main pressera votre main. Allez! allez! et montrez du cœur.

Anciens Compagnons des trois grands fondateurs, que vous avez fait d'efforts pour relever ce qui penchait vers la terre! que de sociétés philanthropiques vous doivent leur existence! que de lumières vous avez répandues!... Continuez votre œuvre de pacification et de civilisation, la jeunesse a besoin de vous.

Merci aux poëtes du Compagnonnage : ils remplissent une belle mission. Il y a dans leurs chants de la dignité, de la grandeur... Mais il faut que ces chants aillent frapper à toutes les oreilles et qu'ils impressionnent les foules.

Vous tous, jeunes travailleurs, qui avez de la voix et le goût de la mélodie, emparez-vous de ces nouvelles productions, faites-les retentir du nord au midi, du le-

vant au couchant, votre mission se lie à la mission des
poëtes. Soyez leurs porte-voix et agissez vaillamment.

Compagnons, groupez-vous plus intimement, appelez
à votre aide l'inspiration musicale, apprenez les chants
nouveaux ; jetez-les dans l'espace avec ensemble :
que vos banquets en retentissent ; qu'au milieu de vos
bals des fêtes patronales la danse soit suspendue un
moment, et là, qu'on les entende encore. Que toute la
France en soit pénétrée, que l'étranger en reçoive une
impression, qu'ils nous élèvent jusqu'à Dieu, qu'ils nous
incarnent dans le peuple... Communions dans un immense amour et soyons à jamais frères.

Patrons, maîtres qui avez des enfants, de jeunes parents, des apprentis qui voyageront un jour, voulez-
vous qu'ils travaillent, que le voyage leur profite... que
ceux qui sont partis enfants reviennent hommes dans
le pays ? Tendez-nous la main, secondez nos efforts.

Riches, ne dédaignez pas notre rude entreprise... Son
but est moral... il doit intéresser toutes les classes de
la société.

Écrivains, journalistes, tout ce qui possède de l'influence, une voix, une plume, une bonne volonté, secondez-nous. Nous ne sommes ni un parti, ni une secte, ni
un intérêt privé... Nous sommes l'amour pour tous et
vous le sentirez sans doute en parcourant des lignes
qui coulent de la plume, mais qui partent du cœur...
Un peu d'appui nous fera du bien.

Autorités locales dans toutes les villes de France,
laissez les Compagnons célébrer paisiblement leurs fêtes
patronales; qu'ils aient des cannes, des rubans ; qu'ils
soient sous l'influence d'une certaine poésie... Ne les
troublez pas... ils sont heureux... Lorsqu'ils ont produit des chefs-d'œuvre, chaires à prêcher, baldaquins,
monuments quelconques, objets d'art de quelque métier
que ce soit, accordez-leur, dans la maison de ville, un modeste local, une pièce à eux destinée, afin qu'ils puissent les déposer là, les prendre quand ils le désirent,
les porter en triomphe les jours de leurs fêtes, pour
vous les rapporter ensuite et en jouir toutes les fois
qu'ils en auront besoin. Vous aurez rendu un service
à la classe ouvrière, dont toute la société profitera ; et

nous serons heureux! car, que voulons-nous? Exciter aux grandes choses.

Ministres des travaux publics, de l'instruction publique, de l'intérieur, autorité suprême de la France, entendez nos paroles, qui partent de bas, mais que notre amour du bien lance avec énergie dans l'espace; entendez-les... elles vous demandent ceci : Encouragez les associations, et ne les redoutez pas... Examinez leur passé... Que peut-on en craindre dans l'avenir?... Si elles ont des écoles de dessin, applaudissez; si de savants ouvriers sortent de là, réjouissez-vous... Que toute liberté, que toute indépendance leur soit laissée... S'il y a concours de Société à Société, intervenez; réglez-en les conditions. Récompensez tous ceux qui le méritent... que le vaincu soit aussi proclamé un brillant travailleur ; car il est impossible qu'il n'ait pas montré, malgré son mauvais sort, une haute capacité. La haine ne pourra surgir alors entre les deux partis aux prises. Il y aura émulation, rivalité, désir de s'élever au-dessus les uns des autres, mais de sentiments bas et méchants, point.

Il se trouve des hommes assez peu réfléchis pour croire que le Compagnonnage ne peut rien sans les luttes violentes... ils attachent à ces abominations des effets merveilleux... Quoi! on ne peut créer le sublime qu'avec du fiel ? La haine aurait de la puissance et l'amour n'en aurait pas! Protestons contre une pensée si laide, et citons le christianisme, qui a triomphé par la douceur. Cet exemple suffit. Arrivons sur le terrain de la fraternité: là sera notre force et notre avenir.

J'ai fini, et je dis à mes lecteurs les moins bien disposés :

Mettez de côté tout système de contention, de critique, de dénigrement, de sourire affecté, tout ce qui est puéril, tout ce qui est mesquin, tout ce qui porte le cachet de l'esprit de secte, et est, par conséquent, indigne d'un homme éclairé, d'un vrai compagnon du dix-neuvième siècle. Examinez mes propositions, mes idées, avec votre conscience, avec le regard d'un enfant de Dieu, avec le cœur d'un citoyen. Gardez-vous de céder à tout préjugé, à toute fâcheuse excitation. Lorsque nous sommes inspirés par de hautes pensées, lorsque notre âme a parlé, inspirez-vous de même et que votre âme nous réponde.

FIN.

LIVRES TRÈS-UTILES AUX OUVRIERS ET AUX PATRONS

Note complétant celle de la page 122.

Traité de Géométrie Descriptive, par Adhémar.   20 fr.
Traité des Ponts Biais, en bois et en pierre, par le même.
                                                    24 fr.
Traité des Escaliers en bois et en pierre, par Aubineau, 12 fr.
Traité du toisé des ouvrages de maçonnerie, par Blottas.
                                                    10 fr.
Analyse des Prix et sous détails, par le même. 2 fr. 50 c.
Pratique de l'Art de Construire : maçonnerie, terrasse et plâtrerie. Evaluation et estimation, par Laroque.   9 fr.
Parallèle des Maisons de Paris, par Callat.   100 fr.
L'art du Trait du Charpentier, par Sayeux.   14 fr.
Charpenterie en fer, par Eck.   80 fr.
Prix de Règlement de la Ville de Paris, Tarifs : menuiserie, serrurerie, terrasse et maçonnerie, 5 fr. chaque; — Peinture, 4 fr.; — Couverture, fumisterie, 5 fr. chaque; — Charpente.   2 fr.
Un ouvrage qui a vieilli et qui reste néanmoins pour moi d'une grande valeur, c'est celui de Morisot sur le règlement de tous les Travaux de la construction, avec d'immense détails. Il y a six volumes dont deux de planches, 52 fr. Chaque volume se vend 8 fr. 50 c. séparément.
Tarif des Ouvrages de Bâtiments, par Delondre. 3 fr. 50 c.
Tarif de Menuiserie, Pose, par Colin (V. pag. 123). 2 fr. 50 c.
Tarif raisonné de la façon de la menuiserie, par Digeon.
                                                    5 fr. 50 c.
Règlement de travaux de serrurerie, par Pichon.   4 fr.
Tarif de façon et marchandage de serrurerie, par Husson.
                                                    2 fr.
Nouveau tarif du marchand de bois, par Lesage.   3 fr.
Tarif des bois, par Gussot.   3 fr.
Cubage des Bois, par Vaucourt.   5 fr.
Poids des métaux, par Van Alphen.   3 fr. 50 c.
Comptes faits, par Claudel et Lecoy.   4 fr. 50 c.
Tables Servières, Baréme nouveau, par Servières.   15 fr.
Précis de Chimie industrielle, par Payen.   25 fr.
Mille procédés industriels, par Lunel.   10 fr.

L'Art de faire le vernis, par Tripier-Devaux.   5 fr. 50 c.
Guide de l'Ornemaniste, par Normand.   25 fr.
Lois des Bâtiments, par Lepage.   8 fr.
Inventions et découvertes, par Bast.   12 fr.
Mécanique Industrielle, par Christian.   60 fr.
Notions de mécanique pratique, par Morin.   7 fr. 50 c.
Dictionnaire Encyclopédique Universel, par Saint-Lau-
rent.   25 fr.
Encyclopédie des connaissances utiles.   25 fr.
Enseignement élémentaire universel.   10 fr.
Dictionnaire universel d'histoire et de géographie, par
Bouillet.   21 fr.
Dictionnaire universel des sciences, des lettres et des
arts, par Bouillet.   21 fr.
Encyclopédie moderne, 50 volumes.   100 fr.
Dictionnaire universel des contemporains , par Vapereau.
                                                25 fr.
Dictionnaire Usuel de l'Agriculture pratique.   6 fr.
Les Voyageurs anciens et modernes.   24 fr.
La Bibliothèque utile, arts, sciences, histoire, chaque
volume.   60 c.
Le Magasin Pittoresque , chaque vol.   6 fr.
Histoire de la chaussure, de la cordonnerie et des cordon-
niers célèbres, par Charles Vincent.   5 fr.
La Réconciliation des Compagnons, belle lithographie
représentant la masse du Compagnonnage en cérémoni'
fraternelle; en noir, 2 fr., coloriée.   5 fr.e

OBSERVATIONS. L'envoi des imprimés par la poste coûte,
pour toute la France et l'Algérie, 1 fr. le kilo, 1 centime
par 10 grammes à partir de 50 grammes. Au-dessous de ce
poids c'est 1 centime par 5 grammes. Ceux qui ignorent le
poids du livre dont ils ont besoin, peuvent ajouter au prix
d'achat, pour les vignoles, livres à gravures ou de luxe, 10 centimes par franc, et pour les livres ordinaires, plus lourds relativement à leurs prix, 15 centimes. Je le répète ici : Pour
ceux qui ne peuvent se procurer les livres dont ils ont besoin
dans leurs localités ou qui manquent de correspondants à
Paris, je me chargerai de l'envoi de tous les ouvrages qu'ils
pourront désirer. Pour les gros paquets, on se sert des chemins de fer ou messageries, alors on n'est pas forcé d'affran-
chir; mais, en ce cas, le destinataire reste chargé des frais
de transport. Voir, pour plus de détails, la page 122 et suite.

FIN DE LA NOTE.

TABLE DES MATIÈRES.

—

CHAPITRE III. — DEVOIR ET DEVOIR DE LIBERTÉ.

CHAPITRE IV. — RÉORGANISATION DU COMPAGNONNAGE.

FIN DE LA TABLE.

www.ingramcontent.com/pod-product-compliance
Lightning Source LLC
Chambersburg PA
CBHW052207270326
41931CB00011B/2255